本书的出版得到

国家重点文物保护专项补助经费

资助

凌源小喇嘛沟辽墓

辽宁省文物考古研究所　编著

文物出版社

北京 · 2015

封面设计：程星涛
责任印制：张　丽
责任编辑：黄　曲

图书在版编目（CIP）数据

凌源小喇嘛沟辽墓 / 辽宁省文物考古研究所编著.
— 北京：文物出版社，2015.10
ISBN 978-7-5010-4287-6

Ⅰ.①凌…　Ⅱ.①辽…　Ⅲ.①辽墓－研究－凌源市
Ⅳ.①K878.84

中国版本图书馆CIP数据核字（2015）第096238号

凌源小喇嘛沟辽墓

辽宁省文物考古研究所　编著

*

文物出版社出版发行

（北京东直门内北小街2号楼）

http://www.wenwu.com

E-mail: web@wenwu.com

北京鹏润伟业印刷有限公司印刷

新　华　书　店　经　销

889×1194　1/16　印张：18.25　插页：1

2015年10月第1版　2015年10月第1次印刷

ISBN 978-7-5010-4287-6　定价：260.00元

The Liao Tombs at Xiao Lama Gou in Lingyuan

(with An English Abstract)

by

Liaoning Provincial Institute of Cultural Relics and Archaeology

Cultural Relics Press

Beijing · 2015

目　录

插图目录

彩版目录

概　述

一　凌源概况

凌源市位于辽宁省西部，处于辽宁、河北、内蒙古三省（自治区）的交界地带（图一）。南北长 93.3 千米，东西宽 66.1 千米，总面积约 3278 平方千米。境内低山丘陵与河谷盆地相间分布，具有平行岭谷地貌特征。地势由西向东倾斜，超过千米的山峰 28 座，西南部的红石砬山主峰海拔 1256 米，为朝阳市最高山峰。大小河流 20 余条，主要有大凌河西支、青龙

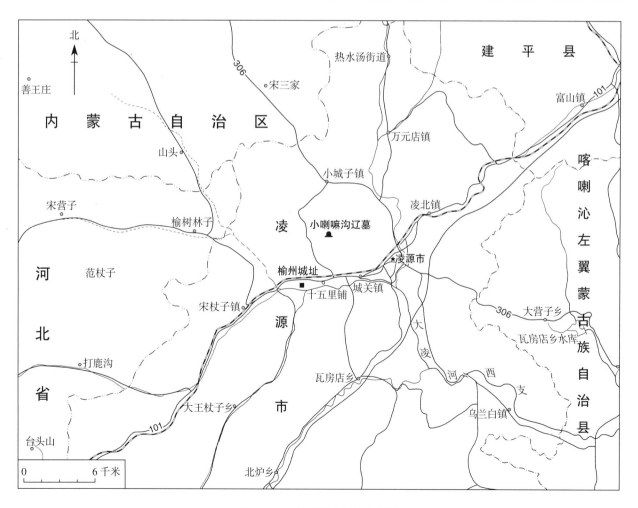

图一　小喇嘛沟辽墓位置图

河、渗津河。地处北温带，属大陆性季风气候，四季分明，光照充足，雨热同期。矿藏丰富，物产丰饶。

凌源历史悠久，据《凌源县志》[1]记载，远在旧石器时代，即有先民在凌河岸边生息繁衍。新石器时代晚期，红山文化先民在此修建了坛、庙、冢等礼仪建筑，发展成为一个具有国家雏形的原始文明社会。商代，为孤竹国地。周时，属燕国地，隶燕右北平郡。秦时，在境内置平刚县，为设县之始。西汉，移右北平郡治所于平刚，这里成为郡县两级治所。东汉时为乌桓地。三国时为魏地。晋时为前燕、前秦、后燕和北燕地。南北朝时为北魏、北齐地。隋时隶辽西郡柳城县。唐时隶河北道营州柳城县，后为库莫奚、契丹地。辽时置榆州，领和众、永和两县。金元时为和众县。明时为营州左屯卫和中屯卫地。清乾隆三年（1738年）设塔子沟厅，乾隆四十三年（1778年）改为建昌县。民国三年（1914年），因与江西建昌府重名，依大凌河发源于境内，遂改称凌源县。

二　墓地位置、地形特征

墓地位于凌源市城关镇八里堡村小喇嘛沟自然屯西北约600米的山坡上。距凌源市区约6千米。墓地背倚一条东西向山脊，左右两侧山峦环抱，面对一条东南向的狭长沟谷，地形特点颇符合辽代墓地规制（图二；彩版一，1）。墓地所在山坡上部略陡，下部平缓，左右两侧和前部因雨水冲刷而形成沟壑。墓地所在山坡岩石裸露，土层较薄，不宜耕种，栽植的

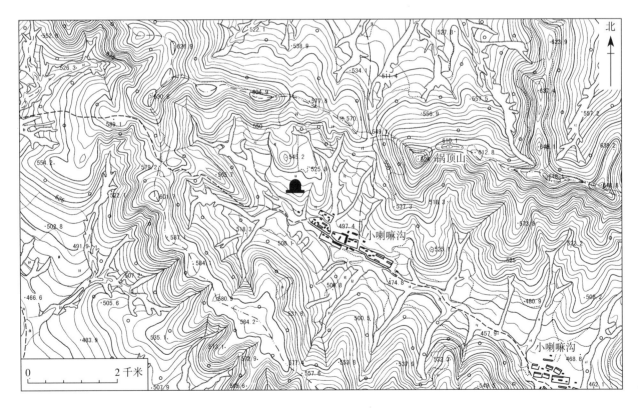

图二　小喇嘛沟辽墓地形图

---

[1]　凌源县志编纂委员会：《凌源县志》，辽宁古籍出版社，1995年。

是耐贫瘠的山杏。墓地隔沟相对的是一小片平坦的耕地，土层厚，种植玉米、谷子等农作物。这一小片耕地原应与墓地连为一体，后被冲沟分割开来。在这片耕地北部正对墓地的位置，有一块巨大的红色石头，略呈方形（彩版一，2）。此巨石是被有意地放置在这里，推测是作为这片墓地的标志。

三　发现、发掘经过

1993年4月3日下午，凌源市博物馆接到凌源城关镇八里堡村民打来的电话，得知该村小喇嘛沟屯发现一座墓葬，于是派人到现场勘查，向村民讲明政策，不能乱挖，要保护现场，待向上级汇报后进行清理。4月27日，再次接到村里打来的电话，得知该墓葬又被私挖，并发现石雕刻。于是博物馆派出全部业务人员前往调查，经过对石雕刻的分析，认为是一座辽代墓葬。由于该墓葬完全暴露，围观群众剧增，为保护墓葬安全，凌源市博物馆连夜组织人员进行看护。4月28日至5月5日，对该墓葬（后编号为M1）进行了抢救性清理。

为了避免墓地被盗掘，凌源市博物馆于1994年9月初向上级汇报了情况，辽宁省文物考古研究所派人员对墓地进行了勘查，并决定对其进行全面的抢救性发掘。9月10日，发掘队正式进驻小喇嘛沟屯，并于当天下午开始发掘工作，至11月20日完成全部发掘工作，撤离工地。共发掘11座墓葬和2座殉马坑，其中包括对凌源市博物馆发掘过的M1的补充发掘（图三）。

发掘领队张克举，队员有李新全、吕学明、张春坤。其中张克举、李新全参与了前半程的发掘工作，吕学明、张春坤全程参与发掘工作。

四　墓葬特点

发掘的11座墓葬分为砖室墓和木室墓两类。M6为砖室墓，由墓道、墓门、甬道、八角形墓室组成。另10座墓葬均为土圹木室墓。墓葬平面均呈甲字形。墓道有斜坡式和阶梯式两种，以前者为主。在墓道与墓室相交处，多砌有一道石墙，从墓底一直砌到近表土，主要是起封门、防盗之功用。墓室平面多为八角形，只有M4为六角形。墓壁用柏木或松木枋搭筑，榫卯方式连接，墓顶之上盖石板或压大石块。

11座墓葬中，有8座早期被盗扰，墓室损毁严重，随葬品所剩无几。M1、M8、M11未被盗扰，结构保存完整，随葬品丰富。随葬品中以金银器、瓷器、辽三彩器和金属马具为主。

墓道内多葬有牛头、牛腿骨、马头，M7墓道内葬有整马，墓地内还有2个殉马坑，这些都是此墓地有特色之处。

五　资料整理与报告编写

小喇嘛沟辽墓的资料整理和报告编写工作是集体劳动的结晶。吕学明、万雄飞负责组织工作。具体章节分工如下：吕学明负责撰写概述；万雄飞负责一号墓、结语和后记编写；王爽负责二、三、四、五号墓编写；郭明负责六、七、八号墓编写；张桂霞负责九、十、十一号墓编写；最后由万雄飞统稿。现场照片由吕学明拍摄，器物照片大部分由穆启文拍摄。现场绘图由吕学明、李新全完成，后期处理由邓茂完成。器物绘图由邓茂、胡国富完成。文物修复张春坤。

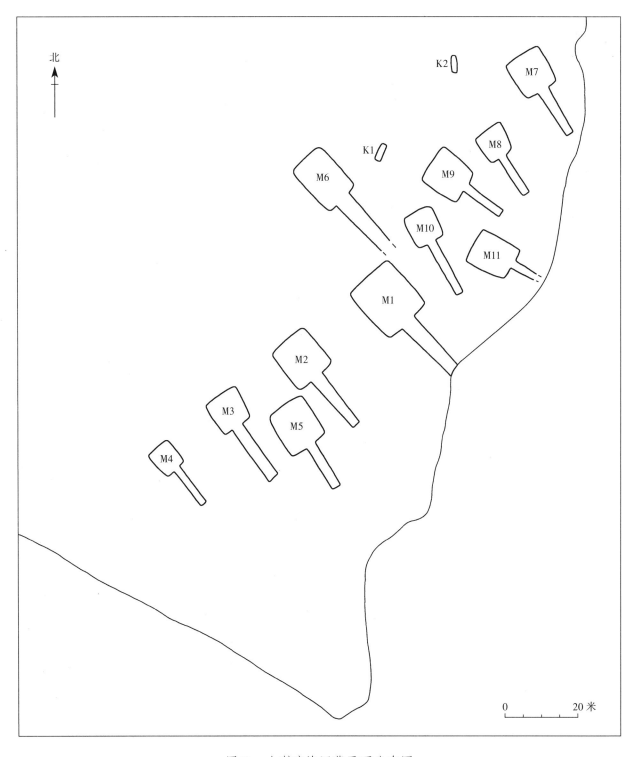

图三　小喇嘛沟辽墓平面分布图

柏艺萌、肖俊涛对一号墓出土的部分银器进行了金相分析和成分分析。

　　凌源市博物馆对考古发掘、资料整理和报告编写工作给予了积极配合和大力支持，在此向先后参与小喇嘛沟辽墓各项工作的邢殿凯、冯文学、李广奇、陈惠、孙国栋、陈力等同仁表示衷心感谢！

一号墓

M1 居于墓地中心，位于 M2 和 M10 之间。它是墓地发掘的 11 座墓葬中规模最大的一座，考古发掘前未遭盗掘，保存较完好，出土遗物最丰富。1993 年 4 月，当地村民挖树坑时偶然发现此墓，4 月 28 日至 5 月 5 日，凌源市博物馆主持清理了主室内的石棺，取走石棺内的遗物。次年 9 月至 10 月，辽宁省文物考古研究所对此墓进行了全面揭露和清理。

一 墓葬形制

由于长年水土流失，M1 现地表呈缓坡状，不见封土。全墓由墓道、墓门、甬道、耳室和主室几部分组成，全长约 17 米，墓向 134 度（图四；彩版二）。

墓圹平面为长方形，口大底小，南、北两壁陡直，东、西两壁收分较大。上口南北长 7.5、东西宽 6.8 米；下底南北长 7.2、东西宽 6 米。北壁居于上坡，深达 6.5 米，南壁居于下坡，深约 5 米。墓圹内用木枋搭建主室、耳室和甬道，位置居中，均不用砖、石砌筑。木质墓室与圹壁之间有 0.6~1.2 米的间隙，圹内填土为黄土及碎石。

墓道居墓圹南壁正中，从地表通向墓底，全长（水平长度）9.6 米。墓道上口宽 1.6~2.3 米，下口宽约 1.6 米。前半部为阶梯式，为 10 级生土台阶，长约 4.2 米；后半部为斜坡式，较平缓，最下部为平地，长约 5.4 米。两侧前半部较陡直，后半部略有收分，表面加工平整，不施白灰。

墓门为木框结构，进入墓门之内即为甬道。立面为长方形，高 0.75、宽 1.35 米。门洞前用一整块大石板封堵，石板立置，长方形，高 2、宽 1、厚 0.13 米。

甬道立壁用木枋立置砌成，顶部用一排木枋横担，平顶，整体如一低矮的木构隧道。平面为长方形，宽 1.35、进深 3、高 0.75 米。立壁所用木枋长 75、宽 20、厚约 10 厘米，顶部木枋宽 20、厚 15 厘米。甬道地面为绿色基岩，加工平整。

耳室位于甬道两侧，左右基本对称。立壁用木枋砌成，顶部横担木枋。东耳室平面近似长方形，长 1.45、宽 1.2、高 0.75 米，东壁木枋两端稍长出。立壁木枋厚 5 厘米。耳室地面为加工平整的基岩。西耳室略大，长 1.5、宽 1.2、高 0.75 米（彩版三）。

主室与甬道连接处有一道木门，地面残留一组对称的长方形门枢凹槽，附近出土铁锁一件。主室平面为八角形，东西宽 3.65、南北进深 3.57 米。立壁由木枋垒筑而成，交角处以榫卯相接，残高 0.75 米。墓顶也全部由木枋搭建而成，已腐朽塌落，具体结构不明。

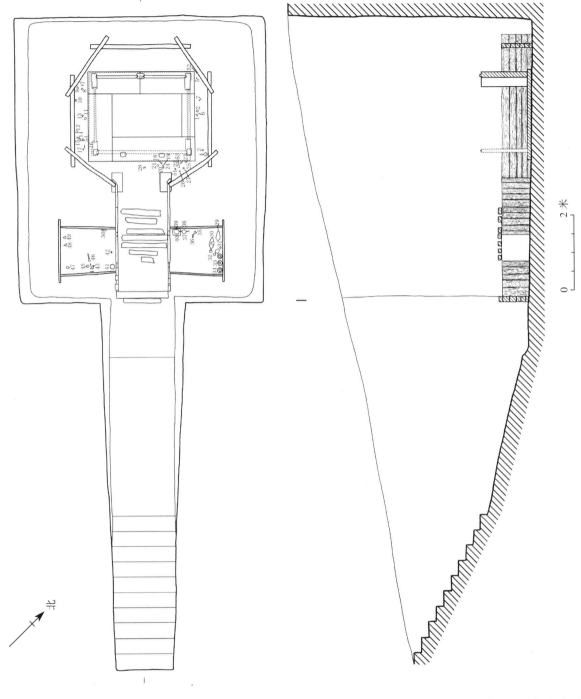

北

图四　M1平、剖视图

1、2、9~12、45、47~49. 白瓷
乌龟　4、41. 白瓷碗　5. 铁叉　6、13.
铁马衔　7. 银鎏金马带具　8. 白瓷马衔镳
14. 大铜铃　15. 小铜铃　16、51. 铁刀
17. 铁镆　18. 白瓷盖盒　19、20. 白瓷
小盒　21. 青白瓷盒　22、23. 铁钳　24.
骨勺　25. 铁锉　26. 骨算筹　27. 骨刷
28. 铁锁　29、32. 白瓷小口瓶　30、
31. 白瓷小盘口长颈瓶　33、34. 白瓷大
盘口长颈瓶　35、46. 铁铲　36. 铁斧　40.
37. 铁熨斗　38. 铁灯　39. 铁臼子　40.
铁方盘　42. 石白围棋子　43. 石黑围棋
子　44. 铁镶　50. 铁剪　52. 铁钩　53.
骨簪　54. 铜鎏金双鱼形牌饰（文内介
绍的其他器物为石棺内出土或出土位置
不明）

二　葬具与葬式

主室中部置一具大石棺，占据室内大部分空间。石棺平面为长方形。棺身底板由 6 块石板拼结而成，东西长 2.86、南北宽 2.34、厚 0.12 米。底板南、北两侧各凿一排卯眼，南侧 4 个，北侧 3 个。卯眼为圆角长方形，大小不等。卯眼处立石柱子，石柱两侧开槽，形成卯口。每两根石柱之间嵌置石板，构成棺身立面，高约 1.24 米。南立面石板上雕刻画面并涂彩。石柱顶部还留有榫头，应与棺盖相连。石棺盖被砸毁破坏，结构不明。石棺内葬有两具人骨，骨架保存不好，仅存头骨和部分肢骨。石棺内、外均出土了大量遗物（彩版四）。

石棺板　重要的有 3 块，为主室石棺的南立面，其上雕刻纹饰。中间一块最宽，两侧石板宽度相等，略窄。

M1：114-1，石板为纵长方形，从上到下分为四栏，上三栏纹饰为人物、动物，描绘契丹人生产、生活场景，最下面一栏是建筑围栏。最上一栏刻散乐图，4 名乐师手持不同乐器正在演奏。第一人（最右者）头戴直脚幞头，身着长袍，面朝右侧而立，双手执横笛，正在吹奏；第二人头部裹巾，身着长袍，双手执小拍板（6 片板）演奏；第三人头裹巾，着长袍，双手执鼓槌，两臂一上一下正在擂鼓，身前的大鼓置于低矮的三脚鼓架上，鼓身上下各有两排铆钉，每排 7 枚，大鼓正中间有一圆形饰，似为环形铺首；第四人裹头，着长袍，正吹觱篥。第二栏为引马图，一人引两马前行。牵马人髡发，着长袍、长靴，双手执马缰，立于马首。前马身形较高大，全副鞍辔，头戴络头，马缰从颈部绕到另一侧，马身披弧边障泥，马背架鞍，鞍下垂镫。鞍后一侧垂下 5 根鞘带，臀上有鞦带。马首前鬃扎成小辫，马尾中部扎成束。后马形体略矮小，也为全副鞍辔，马缰从马鞍上绕过，紧随前马而行。第三栏为男侍图，三名男侍卫手持不同兵器恭身侍立，立面朝外。皆髡发，着长袍、长靴，腰系丝带，带在腰前打成结。第一人（最右者）叉手握一长柄骨朵；中间一人叉手持短柄骨朵；第三人左手插于腰带中，右手持宝剑。最下一栏刻围栏，两端有立柱，柱头雕成桃形，栏杆分为上、下两层：上层为十字形菱花图案，下层为"卍"字纹。石板宽 55、高 118 厘米（图五，1；彩版五）。

M1：114-2，石板为纵长方形，用横向直线分隔为基本相等的上、中、下三栏，每栏雕刻不同内容。四周边框、分栏线和纹饰采用减地雕刻法，形成浅浮雕效果，高出石板表面，并且涂朱。上栏内容为契丹人骑马放鹰逐雁，反映了春猎的场景。地上有两名契丹男子策马飞奔，空中一只鹰鹘，鼓羽展翅，追逐三只惊慌失措的大雁，天空中流云朵朵。前方骑手左手控缰，右手悬空；后方骑手左手握缰，右手执短槌，敲击悬挂于腰间的扁鼓，惊扰鹅雁。两名契丹骑手均为髡发，着短袍，腰部束带，细部不清。两匹马奋蹄急驰，马尾交叉成结，随风扬起。中栏内容为契丹人骑马射鹿，反映了秋狩的场景。一名骑手在马背上弯弓搭箭，欲射前方拼命逃窜的两只山鹿，较小的一只鹿后腿上已中一箭。契丹骑手为髡发，着短袍，腰部束带，腰间悬箭囊，囊中装满羽箭。下栏内容为毡车停置图。两辆毡车一前一后停放下来，车辕都平稳的架搁在一个三脚支架上。两车均不见凉棚。前车车厢为穹隆顶，一名侍女立于车辕旁，似等候主人下车；后车车厢为卷棚顶，一名侍女踩在车辕上，准备从车中取物。石板宽 80、高 118 厘米（图五，2；彩版六）。

M1：114-3，石板为纵长方形，从上到下分为四栏，布局、雕刻与 M1：114-1 石板相同。上面三栏为生产、生活场景，最下面一栏是建筑围栏。第一栏为牵畜图，两人各牵一只羊，另一人牵一犬。人物皆髡发，着长袍、长靴。第一人（最左者）牵一头大公羊，缰绳系于硕大的羊角上，牵羊人右手握缰绳，左手抱于胸前。中间一人牵一犬，犬尖嘴、立耳、长尾，牵犬人手执一根短棒，末端拴于项圈上的缰绳上。第三人牵一羊，手握缰绳，缰绳套在羊颈上，羊体形略小。第二栏为牛车图，两名契丹人引牛扶车而行，皆髡发，着长袍、长靴。第一人立于牛首引牛，右手握缰绳，缰绳从牛角绕过。第二人立于车辕外侧，扶辕而行。牛身套于车辕之内，颈部架轭，牛首有硕大的新月形牛角。大车为高轮直辕，前有凉棚，后有毡棚，分前后两节。第三栏为女侍图，四名侍女均双手捧食器，正面侍立，四人衣着、发式及站立姿态、手中所捧物品基本相同。侍女身着交领长袍，腰系丝带，在腰前打成结，带尾垂于腹前，头部两侧束成双环髻，双手捧叠置的一盘一碗托于胸前。最下一栏为围栏，两侧为立柱，柱头呈桃形，栏杆分上、下两层：上层图案为十字形菱花，下层图案为规则几何纹。石板宽 55、高 118 厘米（图五，3；彩版七）。

三　出土遗物

种类有瓷器、金银器、铜器、铁器、玉石器和骨角器等，总计 100 多套 700 余单件。集中出土于左右耳室、石棺四周和石棺之内。随葬品摆放有一定规律：东耳室为瓷器皿和铁制生活用具，西耳室主要为马具和铁兵器，还有围棋子；石棺东侧为马具和少量瓷器皿，石棺西侧为马具和铁兵器，石棺南侧主要为梳妆盥洗用具和铁制工具；石棺内多放置金银器和瓷器，主要为殓葬服饰和器皿；甬道和石棺北侧不见遗物。

（一）瓷器

包括白瓷、青白瓷、青瓷和绿釉、茶叶末釉粗瓷，器形有瓶、碗、盘、盖罐、盒、渣斗、洗等，合计 33 件。

白瓷小口瓶　2 件。形制、大小相同。M1：29，胎黄白色，质地较疏，胎体较厚。釉色乳白略泛黄。通体施釉，圈足根釉面脱落，并有支烧痕。小口，短束颈，溜肩，长弧腹，外底内挖成圈足。上腹部可见拉坯痕。素面。口径 5.6、底径 11、高 34.6 厘米（图六，1；彩版八，1）。

白瓷小盘口长颈瓶　2 件。形制、大小相同。M1：30，胎色黑灰，质地坚硬致密。外表通体涂白色化妆土，再罩透明釉，仅器底露出胎体本色。化妆土施涂不均匀，局部很薄，未掩盖胎体本色。深盘口略外侈，细长颈，溜肩，长腹，上腹较粗，往下渐细，近底部外展。底部内挖成圈足，圈足外缘向内斜削一周。颈部饰竹节纹，其余为素面。肩、腹部可见拉坯痕。口径 9.1、底径 8.3、高 39.4 厘米（图六，2；彩版八，2）。M1：31，口径 9、底径 9、高 39.5 厘米（彩版八，3）。

白瓷大盘口长颈瓶　2 件。形制、大小相同。M1：34，胎灰黄色，质地不致密，包含有杂质。胎体表面涂白色化妆土，然后施透明釉。釉面呈现灰白色，夹杂大量细小黑斑。圈足处无釉。浅盘口，沿直立，细长颈，鼓肩，长腹，近底部略外展。底部内挖成圈足。颈部饰竹节纹，

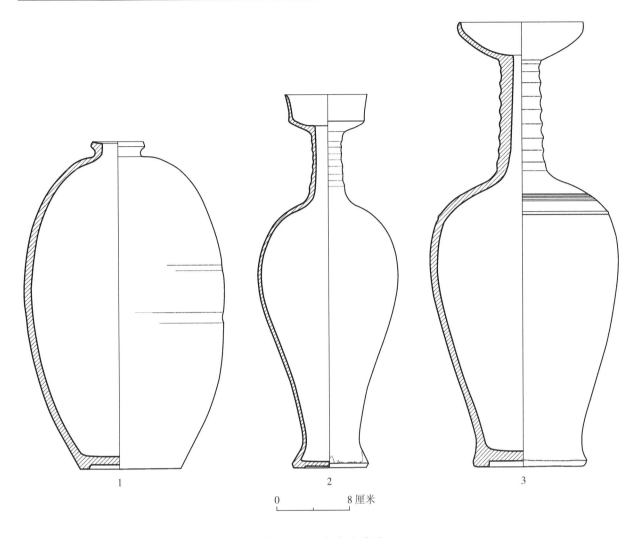

图六 M1 出土白瓷瓶

1. 小口瓶（M1：29） 2. 小盘口长颈瓶（M1：30） 3. 大盘口长颈瓶（M1：34）

肩部施三道凹弦纹，肩腹交界处施一道凸棱，腹部素面。口径 13.6、底径 12.4、高 47 厘米（图六，3；彩版八，4）。

白瓷鼓腹碗 1 件。M1：4，胎质灰黄，夹杂少量杂质。胎体外表先刷一层白色化妆土，再施透明釉。釉面黄白，釉面局部有细小龟裂。内壁施满釉，外壁施釉不到底，圈足无釉。侈口，圆唇，束颈，鼓腹略扁，矮圈足。内底可见 3 个均匀分布的支烧痕。素面。口径 23.5、足径 11、高 14.8 厘米（图七，1；彩版九，1）。

白瓷大碗 1 件。M1：41，胎呈黄褐色，杂质较多。内壁和外壁上部施化妆土后再施釉，内壁为满釉，外壁流釉明显。圈足上也施化妆土。体大壁厚，器形较规整。直口，方唇，外沿下有一周凸棱。斜弧腹，矮圈足内挖。上腹部饰弦纹。口径 25.8、足径 12、高 15.1 厘米（图七，2；彩版九，2）。

白瓷敞口碗 2 件。形制、大小相同。M1：71-1，胎色白中泛黄，胎体略厚。施化妆土，釉面呈乳白色，外壁偶见流釉现象，圈足根及外底不施釉。大敞口，五曲式，内壁对应五曲

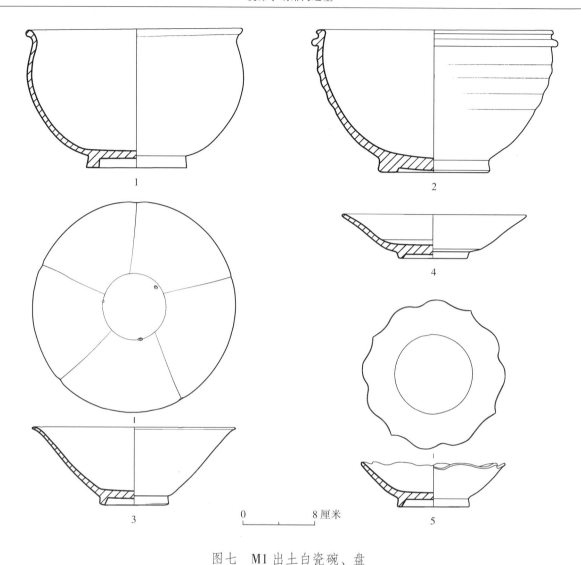

图七 M1 出土白瓷碗、盘

1.鼓腹碗（M1：4） 2.大碗（M1：41） 3.敞口碗（M1：71-1） 4.盘（M1：72-1） 5.花口盘（M1：73）

起棱，深斜腹，圈足外侈。外壁可见拉胚痕。素面。口径22.4、足径7.6、高8.4厘米（图七，3；彩版九，4）。M1：71-2，口径22.4、底径7.4、高8.8厘米（彩版九，3）。

白瓷盘 2件。形制、大小相同。M1：72-1，胎白而坚实。釉面白中泛青，盘内壁釉面磨蚀较严重。大敞口，浅腹，矮圈足。盘底有一周圆圈纹。口径20、底径7.6、高4.6厘米（图七，4；彩版一〇，1）。M1：72-2，口径20.8、底径9、高4.7~5厘米（彩版一〇，2）。

白瓷花口盘 1件。M1：73，胎白而坚实。釉色白中泛黄，釉面较光洁。十二曲花式口，口沿有4个尖瓣均匀分布。敞口，斜腹，大圈足外侈。素面。圈足外壁釉面粘连较多沙粒。口径15.6、底径7.7、高4.8厘米（图七，5；彩版一〇，3）。

白瓷莲纹盖罐 2件。形制、大小不同。M1：68，胎体细白坚实。釉色白中泛黄，釉面莹润光泽。盖表面施釉极薄，内面不施釉，罐身口内沿和圈足根刮釉。盖纽为瓜蒂状，周围刻团状莲纹，盖沿平，有子口。罐身为短直口，斜肩，扁鼓腹，矮圈足。肩部刻划一周重瓣莲纹，肩、腹交界处饰两周弦纹，腹部刻划侧视重瓣莲纹。口径5.8、底径5.8、腹径10.4、罐高 8、通高 10.6 厘米（图八，1；彩版一一，1）。M1∶69，胎体洁白坚实，釉色白中泛黄，釉面莹润，积釉处有细密小气泡。盖内面不施釉，罐口内侧及圈足根刮釉，其余为满釉。盖纽为宝珠状，盖面中部略凸起，刻划一周莲瓣纹，有子口。罐身为短直口，鼓肩，斜长弧腹，底部内挖成圈足。肩部划一周重瓣莲纹，肩、腹交界处隐约可见一周弦纹，腹部刻划侧视重瓣莲纹。口径 5.3、底径 5.6、最大腹径 10.4、罐高 8.8、通高 11.8 厘米（图八，2；彩版一一，2）。

白瓷旋纹盖罐 1 件。M1∶70，胎洁白坚实。釉色白中泛黄，釉面较光洁，积釉处呈浅

图八　M1 出土白瓷莲纹盖罐
1. M1∶68　2. M1∶69

湖蓝色，有流釉现象，肩部釉面局部龟裂。盖内不施釉，罐口内沿及圈足根刮釉，其余施满釉。盖纽为宝珠状，盖面分为三层，整体呈塔式，有子口。罐身为短直口，鼓肩，长斜弧腹，底部内挖成圈足。外底粘连较多细沙石。肩、腹饰多道旋纹。口径 5、底径 4.8、罐高 7.4、通高 10 厘米（图九，1；彩版一二，1）。

白瓷素面盖罐 1 件。M1：18，胎质洁白细腻，质地坚实。釉色白中微黄，釉面莹润，晶莹可爱。罐盖表面施釉，内面无釉。罐身内外施釉，仅下腹近底处及圈足无釉。盖顶部平，有一个不规则状小纽，盖沿扁平，盖内子口略内敛。罐口外侈，短直颈，扁鼓腹，圈足。素面。口径 4、底径 3.2、罐高 5.4、通高 6.8 厘米（图九，5；彩版一二，2）。

白瓷小盒 2 件。形制、大小略有差异。M1：19，胎质洁白细腻，质地坚实。釉色黄白。盖表面施釉，内面不施釉。盒身腹部施釉，盒内、子口及圈足皆不施釉。盒盖呈覆钵形，盖沿与盒身扣合后完全对齐。盒身子口微敛，上腹直，下腹折收，圈足。素面。通高 4.4、罐口径 4.3、底径 3.9、高 3.3 厘米（图九，3；彩版一二，3）。M1：20，胎质洁白细腻，坚实致密。釉色白中泛黄。盒盖内、外施釉，仅口沿处无釉。盒身内、外施釉，子口和圈足外底无釉。盒盖呈覆钵形，顶部为平缓的漫丘状。盒身子口直立，上腹直，下腹折收，圈足较小。

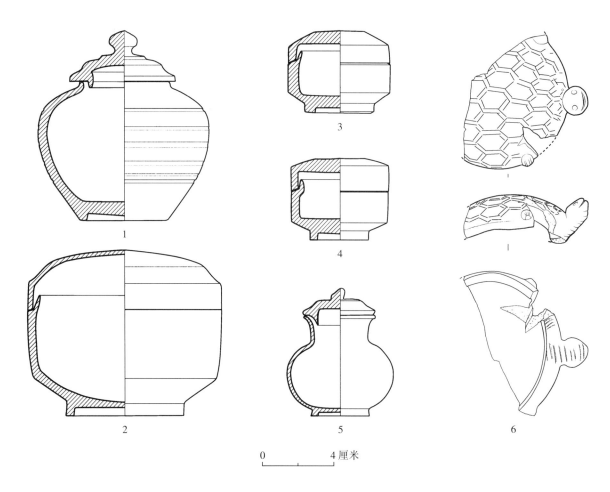

0　　　　4 厘米

图九　M1 出土白瓷盖罐、小盒、乌龟和青白瓷盒

1. 白瓷旋纹盖罐（M1：70）　2. 青白瓷盒（M1：21）　3、4. 白瓷小盒（M1：19、20）　5. 白瓷素面盖罐（M1：18）　6. 白瓷乌龟（M1：3）

素面。通高 4.3、罐口径 4.4、底径 3.2、高 3.2 厘米（图九，4；彩版一二，4）。

白瓷乌龟 1件。M1：3，胎白而细密。釉色白中泛青，正面施釉，背面无釉。仅残存一小部分。龟首抬起，龟背用双线刻划六边形龟甲纹，龟背两侧塑出龟足。双眼和口部用细线刻划清晰，颈部划短横纹。造型细致生动。用途不明。龟背直径约 7.5、残高 2.6 厘米（图九，6；彩版一三，1、2）。

青白瓷盒 1件。M1：21，胎洁白细密。釉色呈青白色，积釉处呈湖蓝色。盒盖内、外皆施釉，仅盖口沿及口沿内侧无釉。盒身内、外施釉，子口及圈足不施釉。盒盖呈覆钵形，顶部略鼓，饰两周弦纹，扣合后下沿与盒身对齐。盒身子口略内敛，深直腹，下腹内折，圈足。素面。整体造型美观，但胎体加工不太细致，局部施釉不均匀。盒盖口径 10.6、高 3.1 厘米，盒身口径 9.4、高 6.2、底径 6.5、通高 8.8 厘米（图九，2；彩版一二，5）。

青瓷轮菊纹碗 10件。形制、大小略有差异，釉色、纹饰基本相同。分为五曲花式口（彩版一三，3）和平口（彩版一三，4）两类。M1：65-1，花式口，6件。浅灰色胎，质地坚细。豆青色釉，釉面光洁。施釉均匀，内、外满釉，圈足根刮釉。器形规整，敞口，斜弧腹，小圈足，内底有一圈凸棱，其内手划轮菊纹 13~14 瓣，不甚规则。外壁口沿可见拉胚痕，圈足刮釉处呈粉红色。口径 13、足径 3.6、高 5.2 厘米（图一〇，1；彩版一四；彩版一五，1）。M1：65-2，平口，4件。釉面磨蚀严重，泛灰白色，隐若可见细密的龟裂纹。口径 13、足径 3.6、高 5.4 厘米（图一〇，2；彩版一五，2~5）。

绿釉粗瓷渣斗 1件。M1：66，粉色胎。外壁施绿釉，釉面多处剥落，器腹下部施深绿釉，内壁无釉。大浅盘式口，短束颈，扁鼓腹，假圈足。整体变形，浅盘口和器身向一侧倾斜。口径 16.5、底径 6.2、高 9.3~11 厘米（图一〇，4；彩版一六，1）。

茶叶末釉粗瓷洗 1件。M1：67，粉色胎，胎体厚实。釉色呈深黄绿色似茶叶末，内、外壁施满釉，外底无釉。大口，浅直腹略弧曲，大平底。内底中心有两个圆圈纹。口径 28.2、底径 25.4、高 6.8 厘米（图一〇，3；彩版一六，2）。

（二）金器

金镯 1副2件。大小、形制完全相同。M1：80，呈扁环状，中间宽，两侧渐窄，两端錾刻成龙首状。边缘起棱，中间錾满纹饰。主纹为两个奔跑的婴孩和两只飞鸟，两两之间以一朵缠枝牡丹相间隔，空白处以鱼子纹为地。长径 6.7、短径 5.5 厘米。展开后通长 19.5、宽 2 厘米（图一一；彩版一七）。

金耳环 1件。M1：79，整体造型为鱼龙戏珠，龙首鱼身，全身扭曲成"U"字形。龙首朝上，卷鼻，头顶有一对"丫"形角，龙眼露出两个小孔，原来应镶嵌宝石。颌下衔一颗宝珠，表面饰桃形叶纹，用一枚铆钉与龙首相接，可自由转动。颈下贴附一只小兽，有双目、双翅及长尾，尾部接一小圆环。腮部有双鳍，腹部有一对短翅，紧贴鱼身，肚下有一对短鳍。尾渐细且内卷，背部有齿状背鳍，周身布满鳞片。龙首卷鼻上端焊接一枚穿钩，向下弯曲成拱形，尾端较细，便于佩戴。躯体为中空。整体造型复杂，制作精良，遍体刻划细密纹饰，双角、双翅、贴附小兽、穿钩等附件单独制成后再焊接到鱼身上。总长 4.3、高 4.3、厚 1.6 厘米（图一二；彩版一八）。

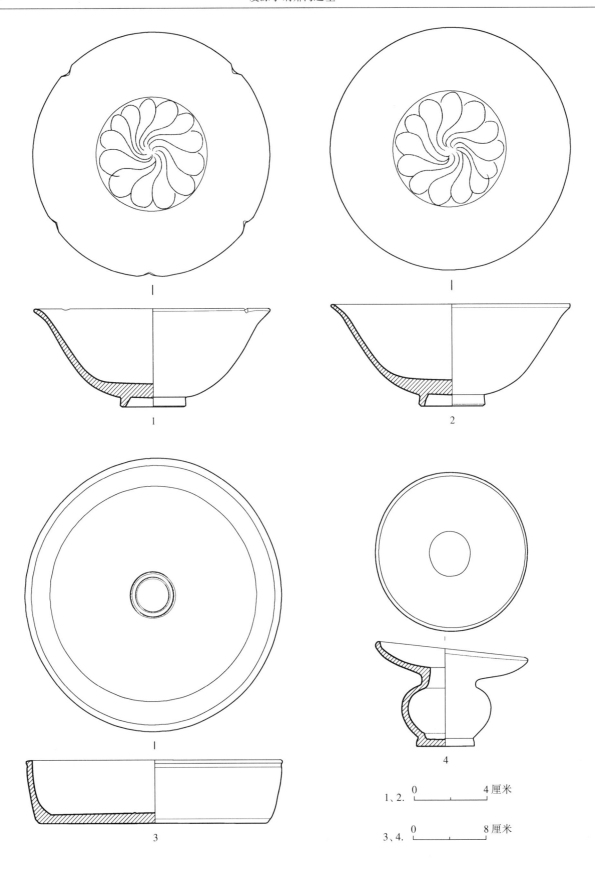

图一〇   M1 出土青瓷碗和粗瓷洗、渣斗

1、2. 青瓷轮菊纹碗（M1：65-1、65-2）   3. 茶叶末釉粗瓷洗（M1：67）   4. 绿釉粗瓷渣斗（M1：66）

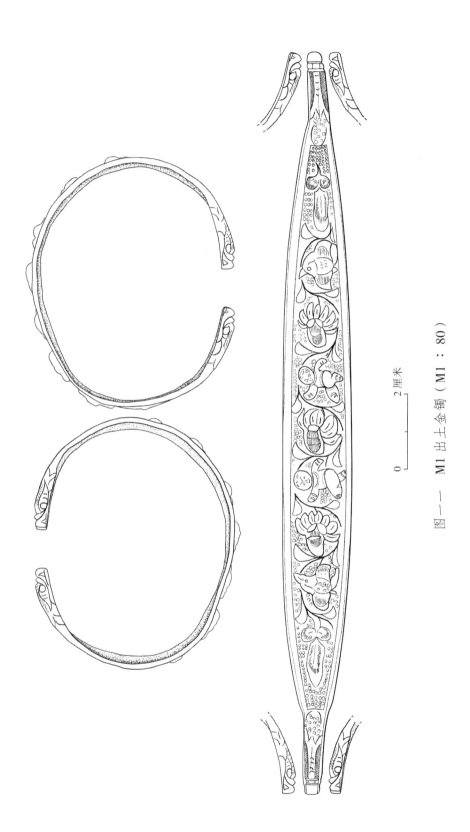

图一一 M1 出土金镯（M1∶80）

0   2 厘米

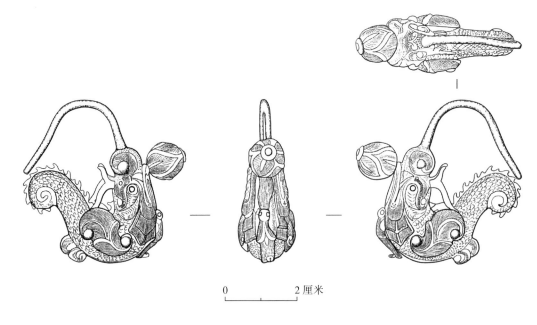

0   2厘米

图一二　M1 出土金耳环（M1：79）

（三）银器

种类包括殓葬服饰、马具、饮食器和装饰品等，银或银鎏金器 40 件（套）约 140 单件。

1. 殓葬服饰

银鎏金冠　2 件。形制不同。M1：77，男冠。结构复杂，由多片形状、大小不同的镂雕鎏金薄银片制成，镂孔呈鱼鳞状。中间为镂空银片围成的圆拱形帽圈，周围用 10 余片独立的镂空银片作为装饰，装饰片上用银丝缀有 27 件镂雕卷云状步摇片，分别位于冠的正面和两侧，每一面各 9 件，分为上、下 3 排。冠顶正中装饰 1 件立雕莲花座，莲花中间正立 1 只鎏金凤凰，灵芝状肉冠，花叶状长尾上翘，展翅欲飞。冠的正面中间有 2 大片装饰银片，前低后高，如意形，曲状花边，其上錾刻对称飞鹤纹。两者之间正中镶嵌一人像，似为道士。正面两侧各伸出 1 片卷云状镂空银片，似双角，左右对称。其上錾刻对称的飞鹤纹，相背而飞。冠中部左、右两侧，各有 2 组卷云状银片，相互扣合，似牛角。帽圈背面也立置 2 大片装饰银片，尖拱形，曲状花边。前高后低，均明显高于正面的银片。后片中间上部錾刻飞凤纹，下部为云纹承托火焰珠纹，两侧为左右对称的凤纹。冠圈底径 19、通高 30、最宽处 35 厘米（彩版一九、二〇）。M1：76，女冠。残损严重，尚未修复（彩版二一）。从残存部分观察，形制与辽陈国公主墓出土的高翅鎏金银冠相同。

银鎏金面具　2 件。用整张薄银片制成，表面鎏金，采用锤揲工艺，形成浮雕效果。M1：74，男像，长圆脸，额头光洁，脸部宽平，丰满圆润，下颌饱满。浓眉、细长目，隆鼻，鼻尖略残，阔口厚唇，鼻翼两侧法令线深长。无耳。神情肃穆、威严。面具左、右边缘各有 3 对小孔，上端正中有 2 对小孔，下端中间有 1 对小孔，孔中穿系银丝，用以束缚。面具弧度适当，适于与人脸贴合。长 21.5、宽 16.2 厘米（图一三，1；彩版二二）。M1：75，女像，脸形稍长，额头光洁，颧骨较高，下颌尖圆。长眉浓密，眉线用两道凹槽刻出轮廓，其内以

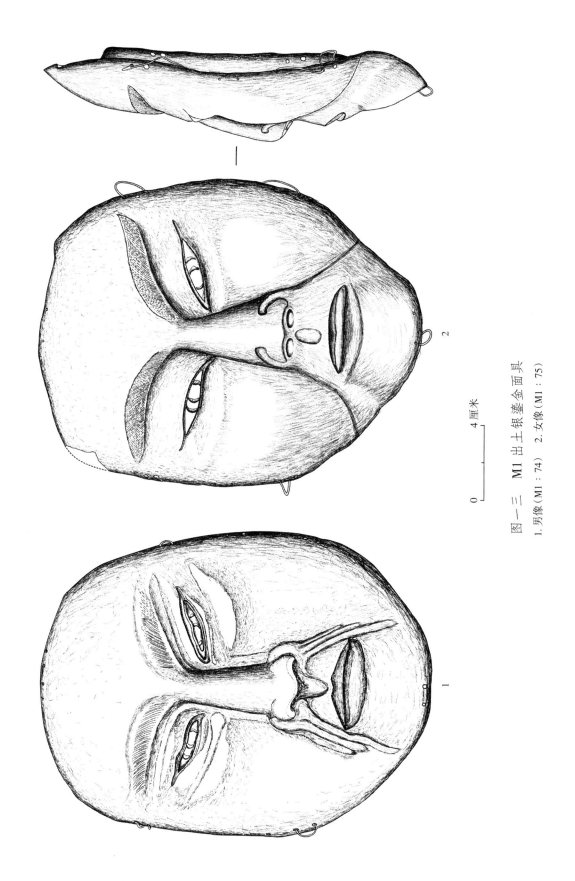

图一三 M1 出土银鎏金面具
1. 男像（M1∶74） 2. 女像（M1∶75）

0 4 厘米

细线刻划眉毛。细长眼，直鼻较小，鼻翼两侧各有一小坑，鼻下的浅坑为人中，小口，薄唇。无耳。面容沉静。面具左、右边缘各有 3 对小孔，上、下两端正中各有 1 对小孔，孔中穿系银丝，用以缚于脑后。高 21、宽 16 厘米（图一三，2；彩版二三）。

银鎏金下颌托　1 件。M1：78，用薄银片制成，表面鎏金，材质与面具相同，应与之配合使用。中部宽，两边窄。中部平面呈长椭圆形，锤揲出一凹槽，可托住下颌，两侧渐窄，成长条状，两端均残断。推测端部可能有小孔穿系银丝，与头部相连。残长 14、宽 4.1、厚 0.05 厘米（图一四；彩版二四，1）。

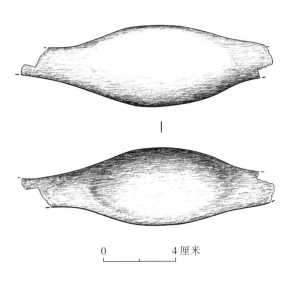

图一四　M1 出土银鎏金下颌托
（M1：78）

银鎏金独角兽纹腰带具　1 套 21 单件。M1：113，双扣双铊尾式，由带扣、带箍、方形带銙、桃形带銙和铊尾组成（图一五；彩版二五，1）。M1：113-1，方形带銙，10 件，大小基本相等。四边折缘，正面饰独角兽纹，下部有窄长的古眼。背面有 4 个铆钉，钉缀角质的背板，并用小圆片固定。独角兽纹呈浮雕状，为单独制成后再焊接到带銙上。方形带銙上各饰 1 只独角兽，姿态各异，有的昂头朝天，有的伏地吐舌。

独角兽头顶正中有一角，全身有长毛，长鬣利爪。长 4.8、高 4.4 厘米（图一五，2~11；彩版二五，2）。M1：113-2，桃形带銙，5 件。边缘为曲状花边，中心有小圆孔，正面上、下饰如意云纹，云头相接。背面有 3 个铆钉，钉缀角质背板。宽 2.5、高 2.8、孔径 0.8 厘米（图一五，13~17；彩版二六，1）。M1：113-3，铊尾，2 件。四边折缘，正面中心饰独角兽纹。背面有 5 枚铆钉，钉缀角质背板。长 8.5、高 4.9 厘米（图一五，1、12；彩版二六，2）。M1：113-4，带扣，2 件。椭圆形扣环，表面錾刻缠枝纹。扣针活动自如，其上刻几何纹。圆角方形扣板，表面錾刻折枝牡丹纹，背面有两个铆钉。通长 7、扣环长径 6.4 厘米（图一五，18、21；彩版二六，3）。M1：113-5，带箍，2 件。环状长方形。边缘起棱，三面錾刻缠枝花纹和鱼子纹，另一面素面。长 6.2、宽 2.4 厘米（图一五，19、20；彩版二六，4）。

银鎏金莲花纹捍腰　1 件。M1：89，整张薄银片制成，表面鎏金。两端低、中间高，底部平齐，顶部两侧为连弧状，展开平面呈山字形。左、右两侧各铆接一个椭圆形铜扣环，以铜铆钉固定。表面饰精致复杂的纹饰。边缘内折起棱，边棱之内沿着边缘饰一周联珠纹，与其构成外圈边饰，圈内饰均匀分布的如意云纹。上部每侧各四朵，中间两朵云头相接，底部每侧各四朵，布局与顶部相同，空白处均填补鱼子纹。联珠纹围成的内圈饰莲花、荷叶、芡实、水波等纹饰。正中间为一朵盛开的莲花，双层莲瓣错落有致，中间为莲蓬，莲子清晰可见。莲花下部为一株芡实。以中间主纹为轴，两侧纹饰对称分布，左、右各 3 组。主纹旁边的上部为芡实初叶，下部为荷叶；再往外，上部为荷叶，下部为垂首的侧视莲花；最外侧是一株芡实。所有的莲花、荷叶和芡实均以卷草状的藤蔓相连，周围以水波纹环绕。主体花纹为模

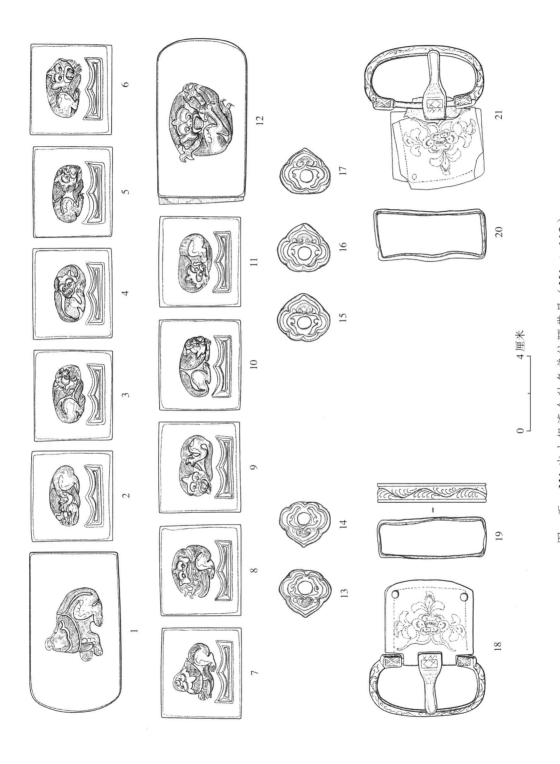

图一五　M1 出土银鎏金独角兽纹腰带具（M1：113）

1、12. 铊尾（M1：113-3）　2~11. 方形带銙（M1：113-1）　13~17. 桃形带銙（M1：113-2）　18、21. 带扣（M1：113-4）　19、20. 带箍（M1：113-5）

冲而成，从而产生浅浮雕效果凸出于表面，莲瓣、荷叶上的叶脉以及水波纹等细密纹饰再用刻刀逐一錾刻而成。边棱内缘均匀分布多组成对的小孔，大约间隔 5 厘米就有 1 对，推测为钉缀背衬之孔。底边通长 64、高 10.5~18.5 厘米。此物应为袍带的背饰，使用时环绕于腰上，在腰前以丝带穿过两侧的铜扣环束缚（图一六；彩版二七）。

银鎏金戒指 6 件。大小、形制基本相同，用薄银片制成。M1：87，曲状花边，边缘起棱。戒面呈椭圆形，表面饰花叶纹，中间为八瓣形团花，两侧衬对称的三叶纹。环部细长，表面饰成排的水波纹。底部断开，可任意改变环径。戒面长径 3.2、短径约 2 厘米，展开后通长 8.5

0 　　　　　　　　　 8厘米

局部

0 　　　　　　　 4厘米

图一六　M1 出土银鎏金莲花纹捍腰（M1：89）

厘米（图一七，1；彩版二八，1）。

　　银鎏金镂空球状饰　2件。M1：81，用鎏金银丝焊接成镂空的球状，上、下两端各有一穿孔，应是项饰上的组件。2件结构相同，大小略有差别。大者直径1.8、高2.2厘米；小者直径1.7、高1.8厘米（图一七，2；彩版二八，2）。

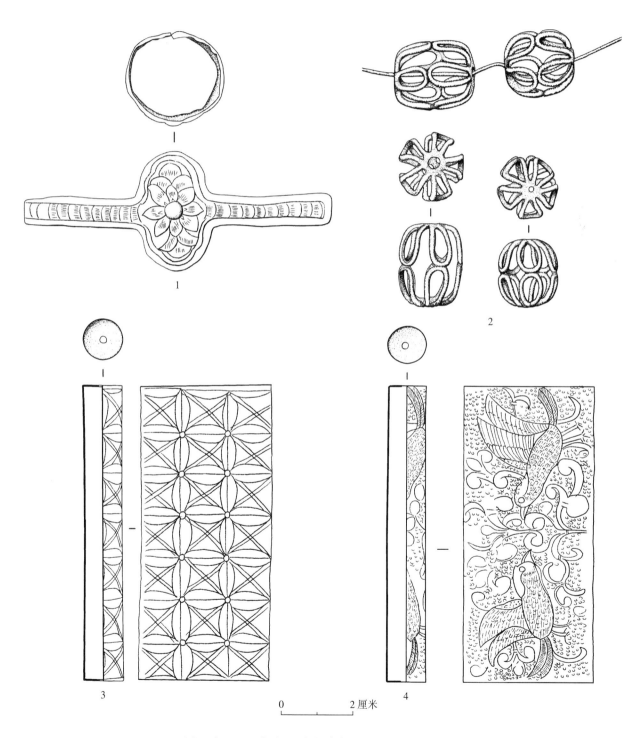

0　　　2厘米

图一七　M1出土银鎏金戒指、球状饰和管状饰

1.戒指（M1：87）　2.镂空球状饰（M1：81）　3、4.管状饰（M1：84-1、84-2）

银鎏金管状饰 5件。大小、形制相同。M1：84，鎏金薄银片卷成圆柱状，中空，两端封闭，再凿出小穿孔，可穿系银丝，推测为项饰组件。长7.8、直径1.1厘米。表面錾刻细密纹饰，分为两种（彩版二八，3）。M1：84-1，3件，表面饰连毬纹（图一七，3）。M1：84-2，2件，表面饰飞鸟卷草纹，为两只飞鸟在花丛间展翅飞翔，空白处填鱼子纹（图一七，4）。

银鎏金对凤纹冠饰 1件。M1：96，薄银片精制而成，表面鎏金。镂空的双凤迎面相对，环绕成大半圆，各立于一朵如意云纹之上。双凤对称，长尾内卷，与底部连弧状的横梁相连。横梁之上、双凤之间为四朵叠置的如意形云纹，上部的两朵迎头承托一颗火焰珠。凤首顶部有"肉芝"冠，头后有长髿，勾喙，细颈，立翅，身躯矫健，尾羽散成多股，细长而向内上卷。横梁左、右两端饰凤首，形状与对凤相同，边缘饰凸起的联珠纹，中间錾刻缠枝花叶纹，空白处填补鱼子纹。凤冠、凤翅、横梁底部都有成对的小孔。横梁宽15.3、通高12.5厘米（图一八；彩版二九）。

0   2厘米

图一八 M1出土银鎏金对凤纹冠饰（M1：96）

2. 马具

银马鞍前桥包片 1件。M1：88，出土时置于石棺顶部。薄银片制成。顶部呈拱形，两脚外撇为八字形，正面周边折缘，外侧中部各有一浅槽。边缘均向后折出一个宽约4毫米的窄边，便于包裹木芯。素面。高23.4、宽32.7厘米（图一九；彩版二四，2）。

银鎏金鹦鹉纹马带具 1套约60单件。M1：7，包括节约、牌饰、带扣和带箍（图二〇）。M1：7-1，莲花纹“凸”字形节约，6件。整体呈“凸”字形，中心突起为半球状，伸出的三脚为马蹄形，弧首，边缘为曲状花边。球面上饰团状重瓣莲纹，中心为莲蓬，外围有三层莲瓣。三脚上饰变形花草纹，以流畅的涡勾曲线构成，左右对称。背面焊接6枚银铆钉，每脚各2枚。焊点平整光滑，颜色发白，与周围略有差异，工艺高超。银铆钉透过皮鞓和铁质垫板上的穿孔后，砸平在垫板上。节约全长9.2、最宽处6厘米（图二〇，6；彩版三〇，1）。M1：7-2，鹦鹉纹“凸”字形节约，2件。整体呈“凸”字形，中心突起为半球状，三脚为弧边三角形，边缘为曲状花边。中心球面上饰两只展翅盘旋的鹦鹉，以中间的火焰珠为中心，对称分布。三脚中一只脚残缺，另两脚上饰对称图案，均为鹦鹉戏“阴阳鱼”（太极球）。鹦鹉曲颈尖喙，展翅而飞，扭头朝向太极球。背面焊接6枚银铆钉，垫板为铁质。长约7.8厘米（图二〇，5；彩版三〇，2）。M1：7-3，椭圆形牌饰，40多件，是数量最多的一种牌饰。表面饰对称的变形花草纹，边缘为起伏不平的花边。背面焊接两个银铆钉，垫板为铁质。长4.8、宽2.3厘米（图二〇，2；彩版三〇，3）。M1：7-4，马蹄形牌饰，6件。一端圆弧，一端平直。表面饰变形花草纹，边缘为花边。背面焊接两个银铆钉，铁质垫板。长3.45、宽2.5厘米（图二〇，1；彩版三〇，4）。M1：7-5，带扣。2件，大小、形制相同，1件保存完好，另1件扣针缺失。桃形单扣环，马蹄形护板。扣针扁平，前窄后宽，可绕横梁自如活动。护板上饰变形花草纹，背面有两个银铆钉。原有铁质垫片，残留铁锈痕。长4.4、宽3.7厘米（图二〇，3；彩版三〇，5）。M1：7-6，带箍，3件。扁圆环状，用一根长条形

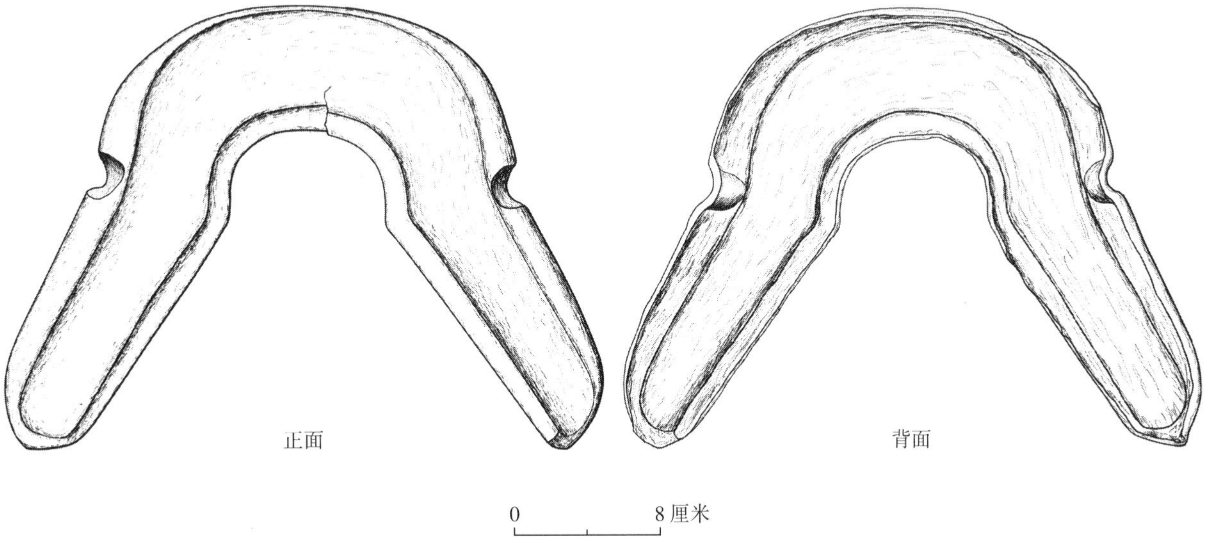

图一九 M1出土银马鞍前桥包片（M1：88）

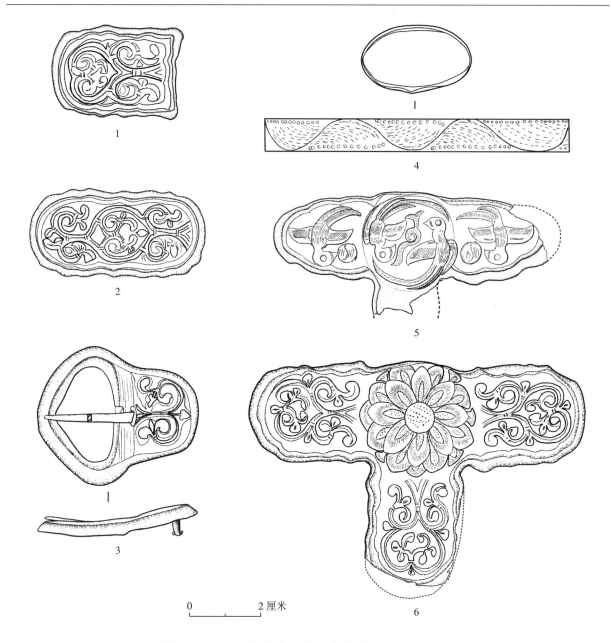

0　　　　2厘米

图二〇　M1出土银鎏金鹦鹉纹马带具（M1∶7）

1. 马蹄形牌饰（M1∶7-4）　2. 椭圆形牌饰（M1∶7-3）　3. 带扣（M1∶7-5）　4. 带箍（M1∶7-6）　5. 鹦鹉纹"凸"字形节约（M1∶7-2）
6. 莲花纹"凸"字形节约（M1∶7-1）

薄银片焊接而成。焊接处平整光滑。外表饰波浪纹，两旁衬以鱼子纹。长3、宽1.8厘米（图
二〇，4；彩版三〇，6）。

　　银鎏金卷草纹马带具　1套，约19单件。M1∶82，包括带扣、带箍、带铐和牌饰，皮
鞯多朽烂不存（图二一）。M1∶82-1，带扣，2件，一大一小。形制相同，均为单扣环式，
扣板上饰卷草纹。大者残缺严重，小者长3.3、宽2.7厘米（图二一，8、9；彩版三一，1）。
M1∶82-2，带箍，2件，形制、大小相同。长方形环状，外表刻划"S"形波浪纹，两侧空
白处填补短斜线和鱼子纹。长3.6、宽1.9厘米（图二一，7；彩版三一，2）。M1∶82-3，

方形带銙，2 件，形制、大小相同。曲状花边，下部有扁长方形古眼，正面饰对称卷草纹，背面有 4 个铆钉。古眼内系小丝带，上套扁环状带籁，其上也饰卷草纹。銙长 3.3、宽 2.9 厘米（图二一，1；彩版三一，3）。M1：82-4，椭圆形牌饰，3 件。曲状花边，下部有椭圆形穿孔，正面饰卷草纹，背面有 3 枚银铆钉，背板为铁质。长 3.5、宽 3.2 厘米（图二一，6；彩版三一，4）。M1：82-5，圭形牌饰，4 件。曲状花边，表面饰卷草纹，背面有 2 枚铆钉，穿革带，背板为铜质。长 3.4、宽 1.9 厘米（图二一，2；彩版三一，5）。M1：82-6，三角形牌饰，1 件。曲状花边，表面饰卷草纹。长 2.1、宽 1.8 厘米（图二一，3）。M1：82-7，大桃形镂空牌饰，2 件。中心有桃形镂孔，背板铁质。长 2.7、宽 2.2 厘米（图二一，4；彩版三一，6）。M1：82-8，小桃形镂空牌饰，3 件。中心为桃形镂孔，正面饰卷草纹，背面

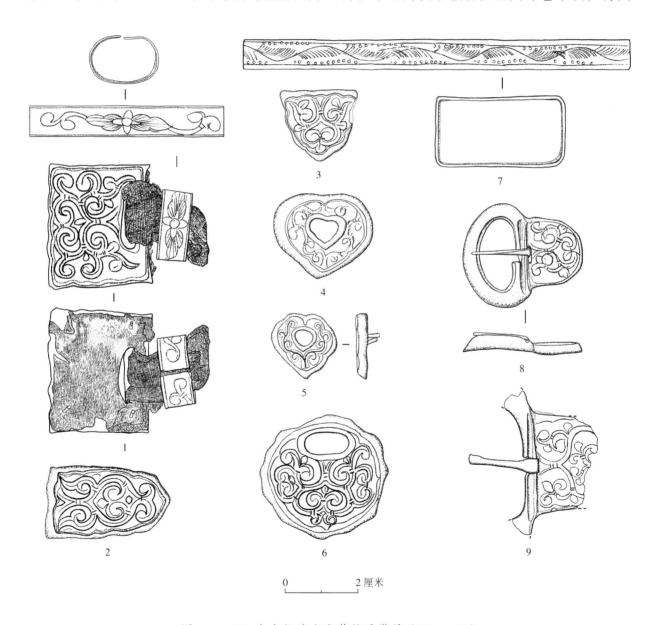

图二一　M1 出土银鎏金卷草纹马带具（M1：82）

1. 方形带銙（M1：82-3）　2. 圭形牌饰（M1：82-5）　3. 三角形牌饰（M1：82-6）　4. 大桃形镂空牌饰（M1：82-7）　5. 小桃形镂空牌饰（M1：82-8）　6. 椭圆形牌饰（M1：82-4）　7. 带籁（M1：82-2）　8、9. 带扣（M1：82-1）

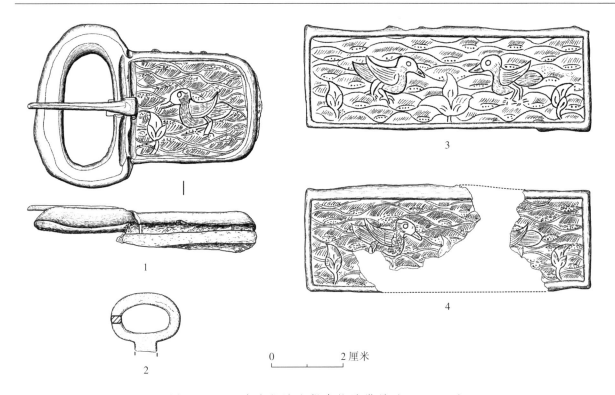

图二二　M1 出土银鎏金鸳鸯纹马带具（M1∶83）

1.带扣（M1∶83-1）　2.环状柄（M1∶83-4）　3、4.长方形牌饰（M1∶83-2、83-3）

有 2 枚铆钉穿革带，背板为铜质。长、宽均为 1.8 厘米（图二一，5；彩版三一，6）。

银鎏金鸳鸯纹马带具　1 套 4 件。M1∶83，包括带扣、牌饰和环状柄（图二二）。M1∶83-1，带扣，1 件。单扣环式，扣环呈长椭圆形，扣针活动自如。扣板为圆角长方形，正面刻划一只鸳鸯在水波中畅游。长 6.1、宽 4.4 厘米（图二二，1；彩版三二，1、2）。M1∶83-2，长方形牌饰，2 件。直边，边框内有一周浅槽，其内刻划鸳鸯水波纹，为两只鸳鸯在水中迎面而游，周围波光潋滟，底部中间和两角各有一朵莲花，画面左右对称，内容和风格与带扣完全一致。背面有 6 枚铆钉，背板为铁质。长 7.8、宽 2.8 厘米（图二二，3；彩版三二，3）。M1∶83-3，长约 7.8、宽 2.8 厘米（图二二，4；彩版三二，4）。M1∶83-4，银环状柄，1 件。呈椭圆形，下边柄部残。宽 1.9、残长 1.6、厚 0.2 厘米（图二二，2；彩版三二，5）。

　　3. 饮食器

银长盘　1 件。M1∶92，盘口平面呈亚字形，两端宽，中间稍窄。宽平沿，边缘上折，浅斜腹，大平底，圈足。宽沿上錾刻八朵如意形云纹，均匀分布。盘底錾刻双鱼龙戏珠纹，两条鱼龙身体扭曲成弓形，环绕一颗四出火焰宝珠。龙首鱼身，身躯两侧有双翅，双翅呈盘角状，其上布满短弧线纹。长目圆睛，长鼻上卷，利齿，长下腭，腭下有短须，头顶正中有一只新月形角。口大张，面朝宝珠。周身布满鳞甲，有背鳍和腹鳍。圈足下沿錾刻一周联珠纹。高 2.4 厘米，盘口长 23.4、宽 10.9~12.6 厘米，圈足长 18.8、宽 6.4~6.8 厘米（图二三；彩版三三）。

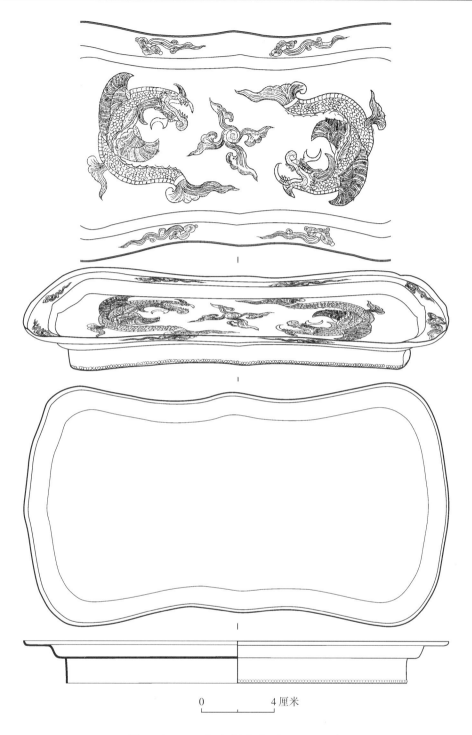

图二三　M1 出土银长盘（M1∶92）

银勺　2件。大小、形制相同。M1∶90，勺部为长椭圆形，勺面无凹槽，略弧曲。柄长而弧曲，柄端扁宽，饰羽毛纹，下半部细长，做成绳索状。柄中部及根部连接处均饰交叉纹。勺部宽3.4、通长25.2厘米（图二四，1；彩版三四，1、2）。

银杯　1件。M1∶91，五曲花式口，口部略外侈，圆弧腹，圈足高且外侈。外壁以花口下的5道浅槽均分为5部分，其内錾刻相同纹饰。中间为十字形折枝花，两侧为三叶草，双

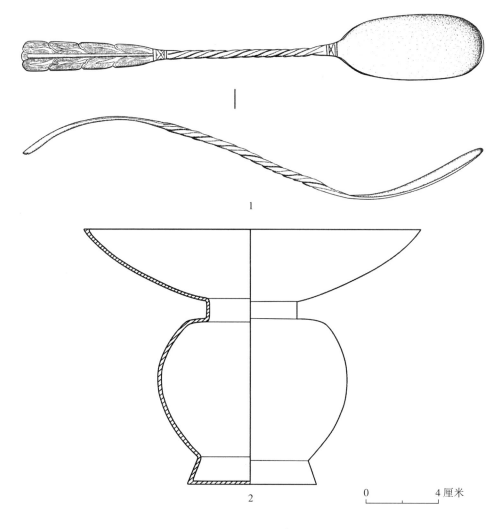

图二四　M1 出土银勺、渣斗

1. 勺（M1：90）　　2. 渣斗（M1：115）

直线波浪纹为口沿下的边饰。外壁浅槽从内部看则为凸棱，于底部相连成弧边五角形，杯底中心饰浮雕式鱼龙戏珠纹。圈足外壁根部饰一周联珠纹。此杯纹饰繁复，细部刻划稍显粗糙。杯身、圈足为薄银片分别制作，后焊接而成。口径 7.2、足径 3.4、高 3.9 厘米（图二五；彩版三四，3）。

银钵　1 件。M1：93，大口微敞，深弧腹，平底。素面。器壁较厚实，表面光洁。口径 14.6、底径 9.5、高 5.2 厘米（图二六，1；彩版三五，1）。

银碗　3 件。大小相近，形制分为两种。M1：94-1，1 件，五曲花式口，平沿，深弧腹，内壁花口下起棱，圈足略外侈。素面。器壁厚实，表面光洁。口径 18、底径 10、高 10 厘米（图二六，3；彩版三五，2）。M1：94-2，2 件，直口，外沿起棱，圆弧腹，圈足外侈。素面。器壁厚实，壁面光洁。口径 17、底径 10.2、高 8.5 厘米（图二六，2；彩版三五，3）。

银执壶　1 件。M1：95，壶盖形似宝塔，盖纽为宝珠状。壶盖扣在壶口上。壶身为直口，长斜颈，上细下粗，鼓肩，弧腹，假圈足。壶身一侧安柄，另一侧置细长曲流，流口朝上，

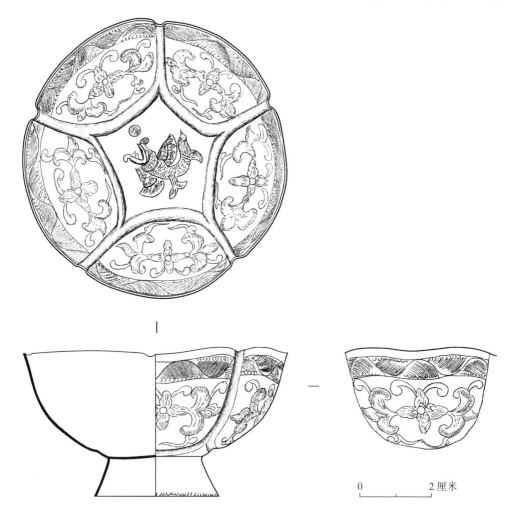

图二五　M1 出土银杯（M1：91）

上细下粗。流口上沿基本与壶口齐平。素面。圈足与器身一体成形，流与曲柄为后焊接。器壁厚实、光洁。壶盖口径 6.3、高 5.8 厘米，壶身口径 5.5~5.8、底径 7.2、腹径 14 厘米，通高 20 厘米（图二六，4；彩版三四，4）。

银渣斗　1 件。M1：115，大敞口，短直颈，折肩，圆鼓腹，假圈足外侈明显。素面。口径 18.5、通高 13.5、底径 6.9 厘米（图二四，2）。

4. 装饰品

银鎏金怪兽纹牌饰　1 件。M1：112，为一整块长方形银片制成，正面有精美纹饰，背面衬有织物。正面边缘起棱，中间饰一周矩形凸棱，棱上饰联珠纹。以矩形凸棱为界，分内、外两圈。外圈较窄，均匀分布 10 朵如意云纹，左、右两边各 3 朵，上、下两端各 2 朵，迎面而飞，空白处填补鱼子纹。四角和四边中间各有 1 个银铆钉，共 8 个，顶端中间的铆钉缺失。内圈主体纹饰为一只怪兽，龙首狼身，单足直立，身体扭曲，回首戏珠，张牙舞爪，神态凶猛。怪兽长目圆睛，长鼻上卷，下腭较长，腭下有短须，头顶无角。血盆巨口大张，露出利齿。身躯、四肢及尾部均覆盖细密毛发。背部有脊线，四肢粗壮，有肘毛，四爪锋利。左下

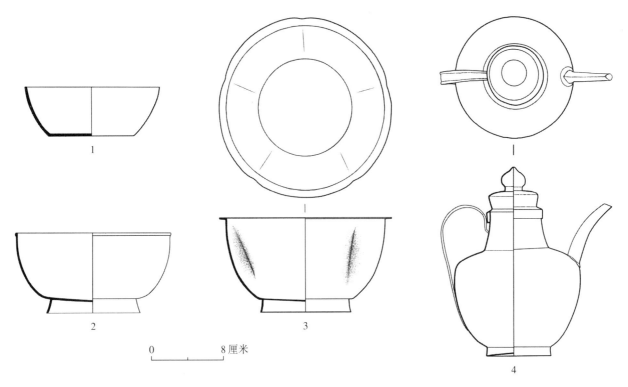

图二六　M1 出土银钵、碗和执壶

1.钵（M1：93）　　2、3.碗（M1：94-2、94-1）　　4.执壶（M1：95）

角饰一朵如意云纹，右下角为一组山石。内圈空白处錾刻浅细的卷草纹。主体纹饰轮廓用模冲法制出，细部用刻刀錾刻。背板缺失，背面残留有绿锈和织物痕。长 21.3、宽 13.7 厘米（图二七；彩版三六，1）。

银花草纹如意形牌饰　1件。M1：85，体呈椭圆形，中间有一横向长方形穿孔。边缘有一周凸棱，穿孔四边起棱，四角各伸出一条凸棱与边棱相连，把表面界格为 4 块。每块内饰统一风格的花草纹，上下左右，两两对称。花草纹中心为七瓣花，两侧以三叶纹相衬。花、叶呈浅浮雕状凸起于表面，底纹为鱼子纹。背面有 4 个银铆钉，背板为铜质，已缺失，仅存绿锈。钉缀物应为平织的粗麻织物。长 10.2、宽 6.1 厘米（图二八；彩版三六，2）。

银独角兽戏瑞兔纹牌饰　1件。M1：116，左上角饰一如意祥云，左下角饰山石。卷草叶纹填补空白，四周为联珠纹环绕。联珠纹外部上、下各饰对称的三朵如意祥云，左、右各饰对称的如意祥云，鱼子纹填补空白。四边向背面折，背面共 8 个银铆钉与背面的麻织物和丝织物相卯。长 21、宽 13.5 厘米。

银鎏金盘龙戏珠纹泡饰　1件。M1：86，体呈半球状，表面饰盘龙戏珠纹，周边环绕波浪纹，底边以云纹和连弧纹为饰。龙首居顶部正中，回首凝视，张嘴戏珠，身躯盘旋，龙尾从右后腿下穿过，四肢健壮，足部有三爪。盘龙、宝珠和云纹均凸出表面，底纹为波浪纹。盘龙姿态极富动感，并以云纹和波浪纹为衬托，表现了蛟龙于海天之间翻腾起伏的壮阔场面。边缘均匀分布 6 对小穿孔，为钉缀之用。底径 6.4、高 2.6 厘米（图二九，1；

0   2厘米

图二七　M1 出土银鎏金怪兽纹牌饰（M1：112）

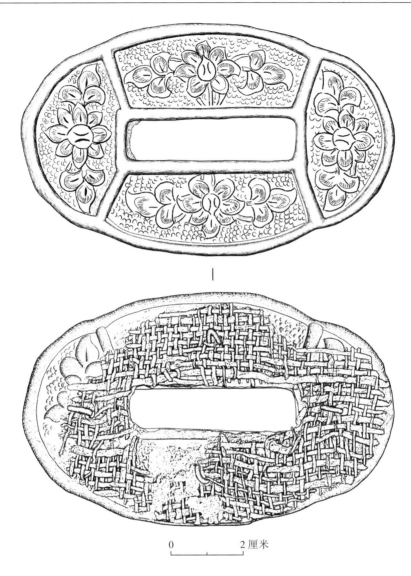

0 ——————— 2厘米

图二八　M1 出土银花草纹如意形牌饰（M1：85）

彩版三七，1）。

银鎏金圆薄片　1件。M1：64，正圆形薄银片，轻薄如纸，单面鎏金。中心有圆形小透孔。直径9.6厘米（图二九，2；图版三七，2）。

（四）铜器

除铜镜外，都经过鎏金处理，合计8件（套）38单件。

铜鎏金大马铃　6枚。大小、形制相同（彩版三八，1）。M1：14，铃身为球状，为两个半球焊接而成，中腰焊接处起凸棱，上有方纽，纽上有圆形穿孔，底部为工字形透音缝。铃内有铁质游丸，仍活动自如。表面鎏金，通体錾刻纹饰。上半部饰三组变形花草纹，均匀分布，图案相同。纹饰用四股细线刻划，外侧衬以小圆点及短斜线，线条流畅。下半部以透音缝为界，纹饰对称分布，每侧为两朵三叶纹夹一朵五叶花纹。纹饰均以细划线、短斜线和圆点构成，刻划精细，布局繁密。通高7、最大直径6.1厘米（图三〇；彩版三九）。

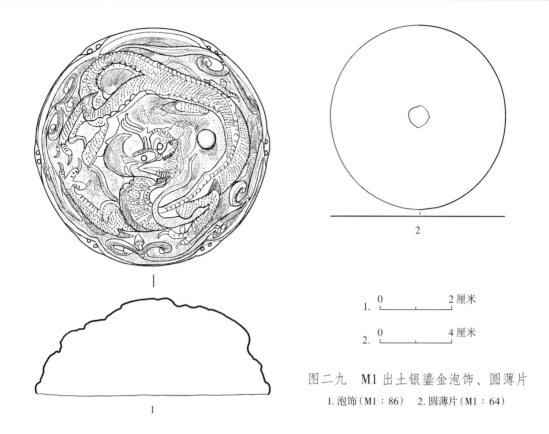

图二九　M1 出土银鎏金泡饰、圆薄片
1. 泡饰（M1∶86）　2. 圆薄片（M1∶64）

铜鎏金小马铃　17 枚。大小、形制相同。M1∶15，铃身为球状，腰部有凸棱，顶部有穿纽，底部有工字形透音缝，铃内有铁丸。表面通体鎏金，无纹饰。基本形制与大马铃相同。高 2.8、直径 2.2 厘米（图三一，1；彩版三八，2）。

铜鎏金双鱼形牌饰　2 件。大小、形制相同，表面鎏金。M1∶54，牌饰较厚重，上部为长方形穿柄，上平下尖，边缘为曲状花边。穿柄之下，以中间的垂尖为界，两边各悬挂一条鱼。鱼头朝上，鱼尾朝下，迎面相向，左右对称。两条鱼的肚和尾相连。鱼身表面錾刻出嘴、眼、鳃、鳍、鳞、尾等，均精细刻划，准确写实。鱼身正面略鼓，背面稍凹，有 4 个柱状铜铆钉，均匀分布。推测背面应有铁质垫板，现已不存。长 8、宽 4.7、厚 0.2 厘米（图三一，3；彩版四〇，1、2）。

铜鎏金扣钉　8 件。分为大、小两种。M1∶59-1，形体略大，2 枚。体为椭圆形，表面鼓起，边缘下折。中下部有长条形穿孔（古眼），穿孔上缘有小尖突。背面有三个铜铆钉，呈三角形分布。长 3.4、宽 2.4、钉长 1.2 厘米（图三一，4；彩版四〇，3）。M1∶59-2，形体略小，6 枚。形制与大扣钉完全相同。长 2.4、宽 2、钉长 1 厘米（图三一，5；彩版四〇，4）。这些铜鎏金扣钉的形制与朝阳前窗户辽墓出土漆鞍上的铜鎏金扣饰完全相同，推测应嵌于马鞍鞘孔上，大扣钉衔辔带，小扣钉衔鞘带。

铜鎏金圆环　2 件。大小、形制相同，通体鎏金，无纹饰。M1∶99，截面为圆形。外径 4.3、截面直径 0.6 厘米（图三一，2；彩版四〇，5）。

双凤纹铜镜　2 件。M1∶97，圆形。半球状纽，穿孔中铁环已朽断。镜背边缘起宽棱，

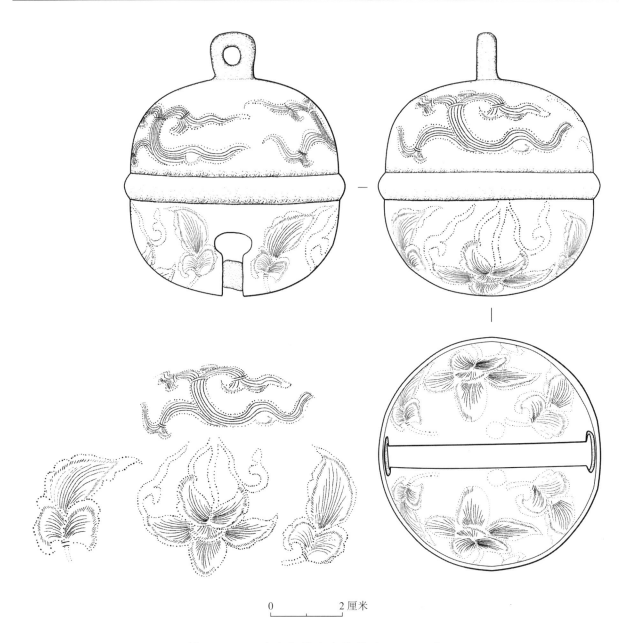

0　　　　　　　2厘米

图三〇　M1 出土铜鎏金大马铃（M1：14）

中间饰双凤纹，双凤首尾相接，凤首朝镜纽。双凤形状相同，高冠，张喙，曲颈，双翅展开，叶状尾飘逸绵长。镜纽两侧各有一朵如意形云纹。所有纹饰均略凸起于表面。镜面、背均镀铬，通体呈银白色，出土时已断裂成数块。直径 39 厘米（图三二，2；彩版四一）。M1：106，球形纽，置于石棺上。直径 22.1、边宽 0.3 厘米（图三二，1）。

双龙纹铜镜　1 件。M1：98，圆形。桥形纽，纽座外侧为一圈联珠纹，联珠纹外侧为一圈缠枝花纹。直径 18.3、边廓宽 0.8 厘米。

（五）铁器

分为马具、兵器、工具和日常用具等几类，数量较大，种类繁多，合计约 107 件。

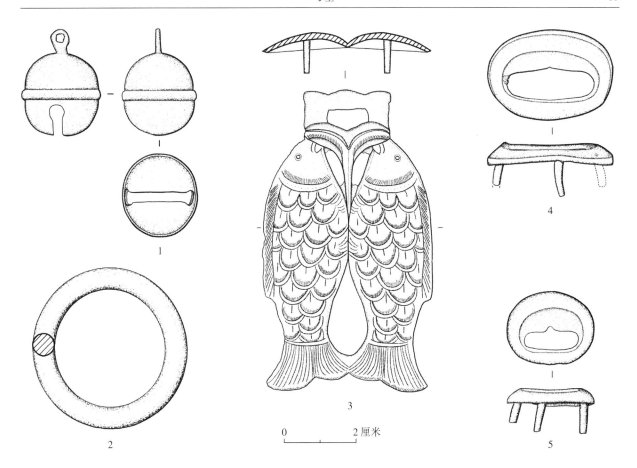

图三一　M1 出土铜鎏金马铃、环、牌饰等

1. 小马铃（M1∶15）　2. 圆环（M1∶99）　3. 双鱼形牌饰（M1∶54）　4、5. 扣钉（M1∶59–1、59–2）

1. 马具

马衔　2 件。形制相同，大小相近，均为垂交复孔式。M1∶6，衔体为双节直棍形，两节中间以圆环相套接。衔体外侧各有两个穿孔，穿孔平面垂直相交。内侧之孔插镳，外侧之孔再套接一个圆活环，用以拴缰绳。衔体长 8 厘米（彩版四二，1）。M1∶13，衔体长 10、圆活环外径 4.5、内径 2.3 厘米（图三三，2；彩版四二，2）。

马衔镳　1 套。M1∶8，马衔为铁质，镳为银皮木芯。衔、镳均残，仅保存一半，但结构清晰。马衔为垂交复孔式，衔体为双节直棍形，衔体外侧有两个穿孔，平面垂直相交，内侧之孔插镳，外侧之孔套接一个圆活环。镳呈牛角形，上粗下细，体向一侧弧曲。镳穿过衔孔后，用一个双脚铁卡固定在衔上。铁卡上有一个长方形穿孔，用于拴系颊带。衔体长 18、镳残长 12 厘米（图三三，1；彩版四二，3~6）。

马镫　10 件，根据形制和出土位置判断，恰好为 5 副。分为长柄和短柄两类。长柄镫 2 副，短柄镫 3 副。长柄镫的踏板两侧边下折明显，踏板较窄，体形略大；短柄镫的踏板两侧边下折不明显，踏板较宽，体形略小（彩版四三；彩版四四，1~5）。

M1∶1、2，短柄镫。柄部残。镫轮为圆角梯形，上窄下宽。踏板宽大，正面平直。踏板以中脊为界对称分布 4 个三角形镂孔（彩版四三，1）。M1∶2，残高 16、宽 14.8、踏板宽 8.2

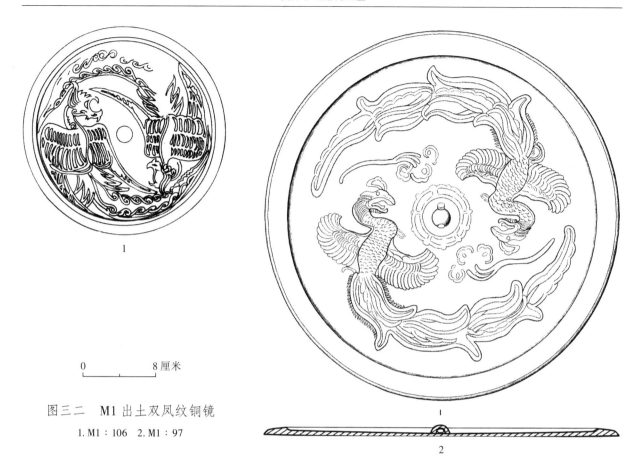

0　　　　8厘米

图三二　M1 出土双凤纹铜镜
1. M1：106　2. M1：97

厘米（彩版四四，1）。

M1：9、12，长柄镫。其中 M1：12 残甚（彩版四三，2）。M1：9，柄部平面为长方形，下半部有横向长条形穿孔，柄首平直。镫轮为圆角梯形，上窄下宽。踏板正面平直，背面中部起脊，两侧边缘下折。踏板以中脊为界对称分布镂孔，中间为双连弧形，两侧为三叶花形。高 19.5、最宽处 14、踏板宽 7 厘米（图三四，1；彩版四四，2）。

M1：45、47，长柄镫。形制与 M1：9 相同，仅踏板上的镂孔纹不同，为对称分布的 6 个三角梅花形（彩版四三，4）。M1：45，高 18.5、宽 13、踏板宽 7 厘米（图三四，2；彩版四四，4）。

M1：10、11，短柄镫。柄部平面近方形，中下部有较宽的长方形穿孔。镫轮为圆角梯形，上窄下宽。踏板宽大，正面平直，背面中部起脊，两侧边缘下折。踏板以中脊为界对称分布镂孔，中间镂孔为宽连弧形，两侧为三叶花形（彩版四三，3）。M1：10，通高 16.6、最宽处 12.6、踏板宽 7.9 厘米（图三四，3；彩版四四，3）。

M1：48、49，短柄镫。形制与 M1：10 相同，仅踏板上的镂孔纹不同，为对称分布的 4 个三角形镂孔（彩版四三，5）。M1：49，高 19、宽 14.9、踏板宽 8.3 厘米（图三四，4；彩版四四，5）。

马带具　10 件。包括带扣和带箍。M1：60-1，双扣环式带扣，4 件。前环近椭圆形，后环为扁长方形，前环大，后环小，两者共用的横梁上有一短扣针。长 3.5 厘米（图三五，

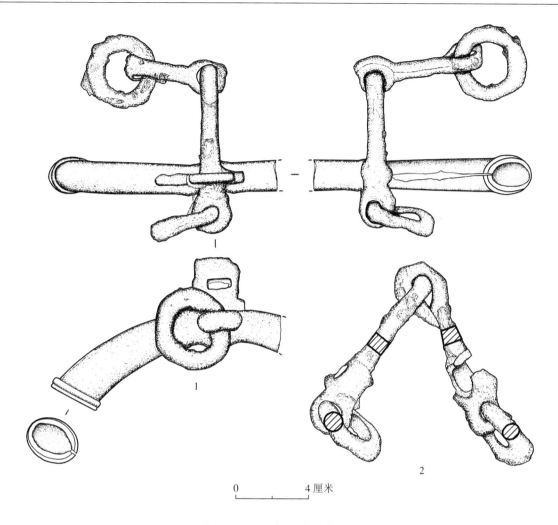

图三三　M1 出土铁马衔、镳

1. 马衔镳（M1：8）　2. 马衔（M1：13）

1；彩版四四，6中）。M1：60-2，单扣环式带扣，4件。扣环为圆角梯形，前端比后端略长，
扣针安置在后端上。长 4.8 厘米（图三五，2；彩版四四，6右）。M1：60-3，单扣环式带扣，
1件，后有护板。扣环为椭圆形，短扣针，护板残缺。残长 2.5、宽 2.7 厘米（图三五，3；
彩版四四，6左）。M1：60-4，带箍，1件，长方环形。长 3.2、宽 1.8 厘米（图三五，4）。

2. 兵器

长剑　1件。M1：100，剑身为铁质，外套木鞘，木鞘外包银皮。铁剑与木鞘已锈死，
且残断为数段。剑鞘中部一侧有附耳，耳上有穿孔。剑鞘近柄部最宽，往上渐细。剑格为扁
梭形，银质，略宽于剑鞘。剑柄为铁芯木柄，外包银箍和银皮，并用花瓣形银铆钉点缀。通
长 98、剑身长 85 厘米（图三六，1；彩版四五，1）。

短刀　1件。M1：16，刀身平面为长三角形，背厚且平直，刃斜直，刀身截面为楔形。
刀头尖锐，刀格为椭圆形，后接铁芯木柄，铁芯平面也近三角形。通长 23.9、刀部宽 2.1 厘米（图
三六，2；彩版四五，2）。

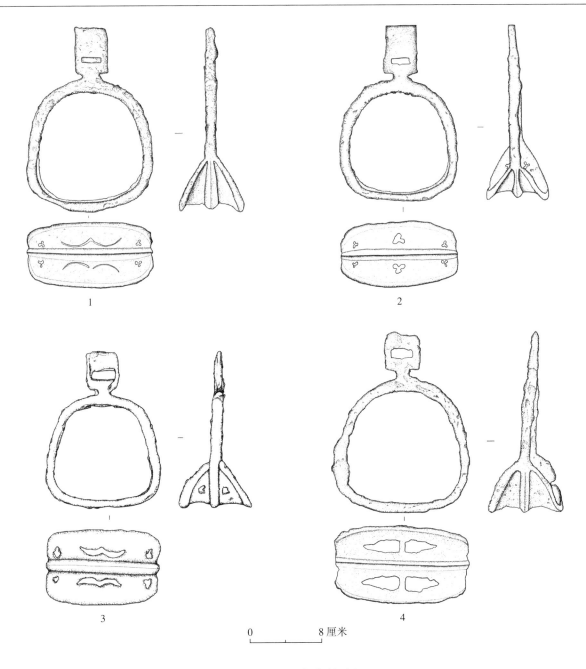

图三四　M1 出土铁马镫

1. M1 ∶ 9　2. M1 ∶ 45　3. M1 ∶ 10　4. M1 ∶ 49

镞 44 件。分为 4 种，石棺外出土凿形镞和矛形镞，石棺内出土叉形镞和铲形镞。M1 ∶ 17-1，凿形镞，10 件。镞身为圆柱状，镞锋扁平，直刃。铤细长，根部粗，下端尖细，呈锥状，便于插入木质箭杆内，有的铤部残留木屑。长 8.5、刃宽 0.87 厘米（图三七，1；彩版四六，1）。M1 ∶ 17-2，矛形镞，16 件。镞身为圆柱状或扁圆柱状，有的起中脊。锋部呈矛形，均有中脊。镞锋与镞身相接处明显内收。铤与镞身一体，根部粗，下端尖细，呈锥状。长 8.8 厘米（图三七，2；彩版四六，1）。M1 ∶ 102-1，铲形镞，5 件。残长 9.3、前端宽 2.7 厘米（图三七，3；彩版四六，2）。有的尾部带骨镝，铤部缠桦树皮后穿过骨镝。骨镝呈梭形，

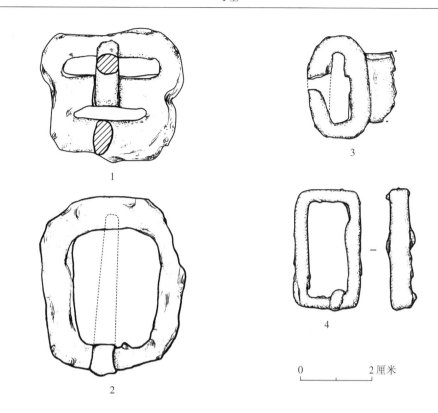

图三五　M1 出土铁马带具（M1∶60）

1. 双扣环式带扣（M1∶60-1）　2、3. 单扣环式带扣（M1∶60-2、60-3）　4. 带箍（M1∶60-4）

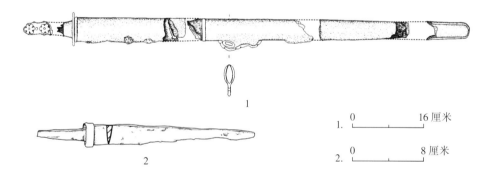

图三六　M1 出土铁剑、刀

1. 长剑（M1∶100）　2. 短刀（M1∶16）

有的带四个小孔，有的无孔，削成八棱形，在中部刻一道凹槽。M1∶102-2，叉形镞，6件。残长 4.2、前端宽 2.6 厘米（图三七，4；彩版四六，3）。M1∶102-3，带孔骨镝，4件。直径 1.36 厘米（图三七，5；彩版四六，4）。M1∶102-4，带槽骨镝，3件。直径 1.4 厘米（图三七，6；彩版四六，5）。

骨朵　1件。M1∶103，头部为 10 瓣瓜棱形铁球，下接木柄，大部分已朽烂，木柄末端

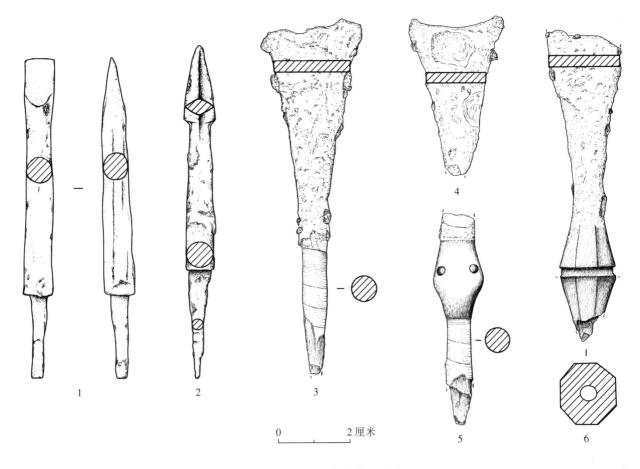

图三七　M1 出土铁镞、骨镝

1. 凿形镞（M1：17-1）　　2. 矛形镞（M1：17-2）　　3. 铲形镞（M1：102-1）　　4. 叉形镞（M1：102-2）　　5. 带孔骨镝（M1：102-3）
6. 带槽骨镝（M1：102-4）

为一玛瑙球。铁球顶部呈圆饼状，下接不封闭的长圆銎，銎内有残存的木柄。玛瑙球呈黄白色，扁圆形，表面加工成多个菱形切面，两端有穿孔。一枚铁钉从底端向上透过穿孔钉入木柄，圆形钉帽紧贴球面。铁球直径 4.7、銎孔径 2.5、长 7.8 厘米。玛瑙球直径 3.8、高 3.2、孔径 0.8厘米（图三八；彩版四五，3、4）。

3. 工具

斧　1件。M1：36，形状近似现代斧头，横侧面为长方形，背部厚实，至刃部渐薄，刃部略弧曲。斧身顶部有长方形銎孔，位置偏后，孔内置木柄，残留一小截。长 12.5、宽 4、最厚 3 厘米，銎孔长 2.2、宽 1 厘米（图三九，1；图四七，1）。

铲　2件。M1：35，半封闭式长銎，长度超过铲身，銎孔平面为椭圆形。铲身平面呈长方形，方肩，刃部平直。铲身上部厚实，往下渐薄，侧面为三角形。通长 7、宽 4.2 厘米（图三九，2；图四七，2）。M1：46，铲身长而扁平，上部略窄，至刃部渐宽，平面近梯形，直刃。铲身后接圆銎柄，銎部略残，封闭式，内有朽木痕。残长 16、刃宽 4、銎径 3.2~3.4 厘米（图三九，3；图四七，3）。

凿　3件。形制分为两种。M1：55，2件，形制相同。凿身长直，截面为长方形。凿首扁平，弧刃。凿尾有銎孔。残长14.2厘米（图三九，5；彩版四七，4）。M1：63，凿头残，凿体为扁平长方形，后接圆銎柄，銎内插木柄。出土时残留部分木柄。残长24.5、銎径0.5厘米（图三九，4；彩版四七，5）。

锥　1件。M1：44，体呈四棱锥状，后接圆銎柄，銎为封闭式，内有残木屑。长24.8、銎孔直径4厘米（图三九，6；彩版四七，6）。

叉　1件。M1：5，叉头为三股，中间一股略短，叉尖扁平。柄上细下粗，尾部有半封闭式圆銎，内有残木。整体小巧精致，柄尾略残。通长15.5、銎径1.16厘米（图三九，7；彩版四八，1）。

钩　2件。M1：52，形体小。直柄，截面上半部扁圆形，下半部圆形，柄首有一小圆孔。钩部外侈，与直柄呈35度夹角，钩尖呈扁平状。通长7.2厘米（图三九，8；彩版四八，2）。M1：56，形体较大。长直柄，柄部截面为长方形，柄首有圆銎。钩部折向一边，与直柄夹角成钝角，钩尖扁平。长13、銎径1.7厘米（图三九，9；彩版四八，3）。

小刀　3件。M1：51，2件。刀身平面为三角形，刀背较宽厚，往下渐窄薄，直刃。有刀格，后接铁芯木柄。残长11.2厘米（图四〇，1；彩版四八，4）。M1：58，1件。刀身后部细长，前部呈三角形，直背，短斜刃。椭圆形刀格，后接铁芯木柄。残长10.5、刀宽1.4厘米（图四〇，2；彩版四八，5）。

组刀　6件。两两一组放于一个木匣中，木匣已朽，大小、形制相同。M1：101，刀身为直背斜刃，刀格呈椭圆形，外套银箍，刀柄为铁芯木柄。残长9.8厘米（图四〇，3；彩版四八，6）。

4. 日常用具

钳　2件。形制不同。M1：22，圆弧形钳头，钳头较短，柄直而长，柄端各有一圆形小孔。上、下两支在钳部用铆钉连接。长19厘米（图四〇，4；彩版四九，1）。M1：23，鸭嘴形钳头，长直柄，柄首有穿孔。上、下两支在钳部以铆钉相接。长19.8厘米（图四〇，5；彩版四九，2）。

熨斗　1件。M1：37，敞口，宽沿，沿部三折向外、向上延展。直壁，浅腹，底部略外弧。器身一侧有长直柄，上粗下细，中空，空腔内有朽木，应接木柄。长柄首残断。口径20.7、高6.3、通长41厘米（图四一，1；彩版四九，3）。

灯　1件。M1：38，灯盘锈蚀，残存灯架。灯檠细长，上细下粗，下接三脚支架，支架触地面扁平，近椭圆形。残高20.7厘米（图四一，4）。

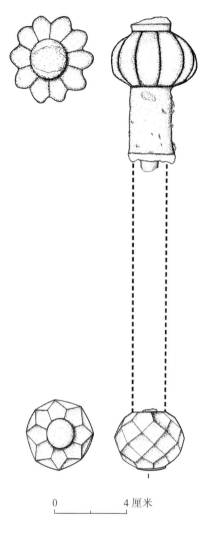

0　　　　4厘米

图三八　M1出土铁骨朵
（M1：103）

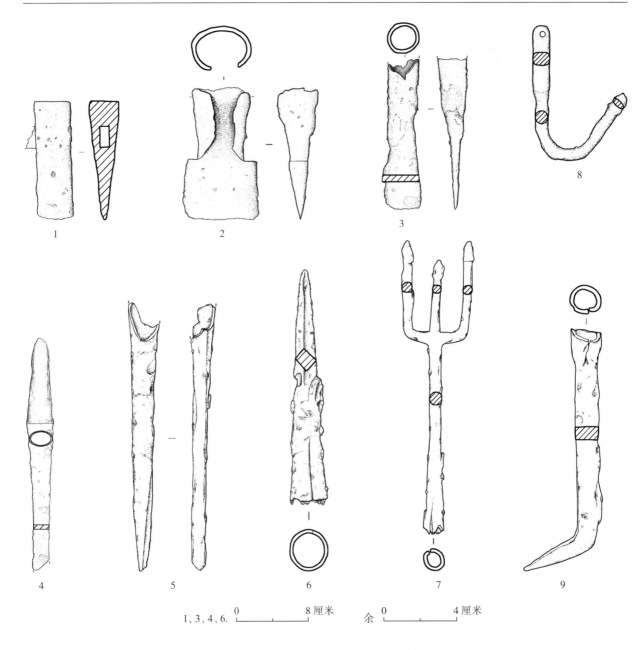

图三九　M1 出土铁斧、铲、凿等

1. 斧（M1：36）　2、3. 铲（M1：35、46）　4、5. 凿（M1：63、55）　6. 镩（M1：44）　7. 叉（M1：5）　8、9. 钩（M1：52、56）

　　臿子　1 件。M1：39，口沿平面为圆角方形。敞口，深斜直腹，平底，口大底小。口部一侧焊接长直柄。柄呈扁平状，位置与口沿平齐。柄首稍粗。口部长 22.2、宽 20、底部长 12、宽 14.5、深 12 厘米，柄部残长 13.8 厘米（图四一，2；彩版四九，4）。

　　方盘　1 件。M1：40，已朽烂。具体形制不明。

　　撮子　1 件。M1：62，底面为长方形，三个侧面上折围成撮身，另一面留口。与口相对的一面可能安有铁柄，现已锈蚀不存。底面长 15.2、宽 12.8 厘米，撮身高 1.6、厚 0.3 厘米（图四一，3；彩版四九，5）。

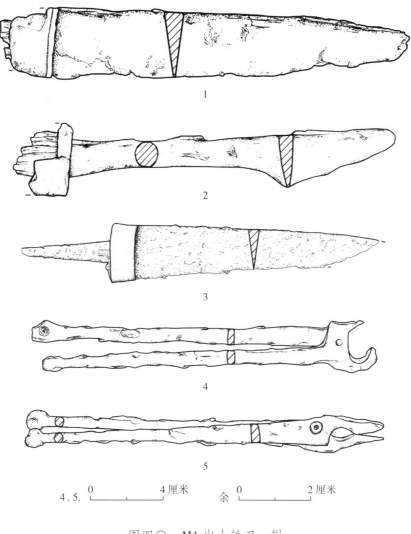

图四〇 M1 出土铁刀、钳

1~3. 刀（M1∶51、58、101） 4、5. 钳（M1∶22、23）

锁 1件。M1∶28，横式锁，圆筒形锁套，扁圆形锁眼偏于一旁。锁栓上残存一个门鼻。锁栓拐角处残断。残长19、宽6.8厘米（图四二，1；彩版四九，6）。

剪 1件。M1∶50，柄部交股成"8"字形。铰部长直，无尖，横截面为三角形。铰部下端两侧各有一个不规则形小孔。长33.5、刃宽2.7厘米（图四二，2；彩版五〇，1）。

"T"形锉 2件。M1∶104-1，短横柄呈圆柱形。锉身较长，上细下粗，一面平，另一面微鼓，前端呈圆弧状。通体缠绕桦树皮，不见锉齿。通长22.4、横柄长5.4厘米（图四二，4；彩版五〇，2）。M1∶104-2，残存立柱上半部，前端为剑首状，截面为方形。残长15厘米（彩版五〇，3）。

条形锉 3件。M1∶25，长条形，一面平，另一面微鼓，近柄部略粗。椭圆形档手，后接铁芯木柄，大部分残损。残长18.3、宽1.5厘米（图四二，3；彩版五〇，4）。

铁条 2件。M1∶57，细长条形，上部稍宽，扁平状，下部略细，柱状。M1∶57-1，长

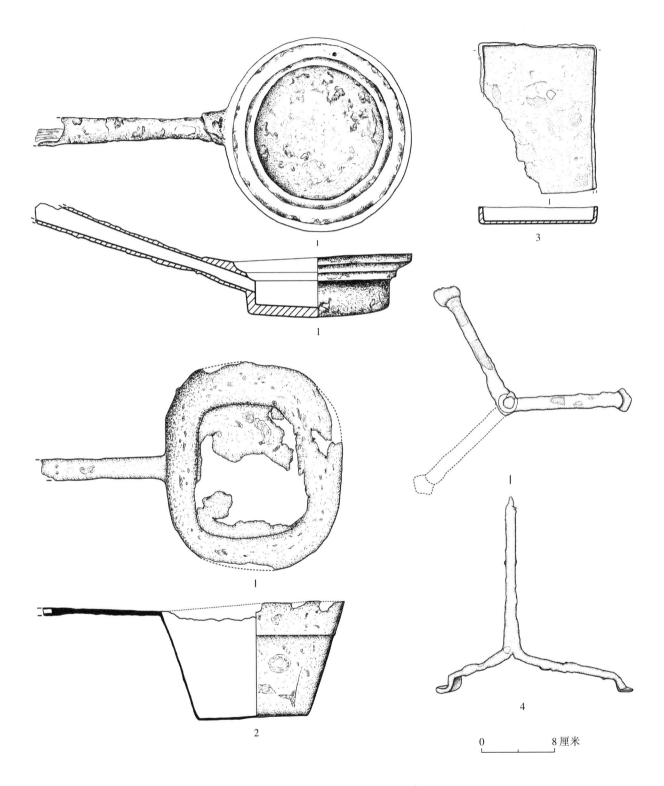

图四一　M1 出土铁日常用具

1.熨斗（M1：37）　2.舀子（M1：39）　3.撮子（M1：62）　4.灯（M1：38）

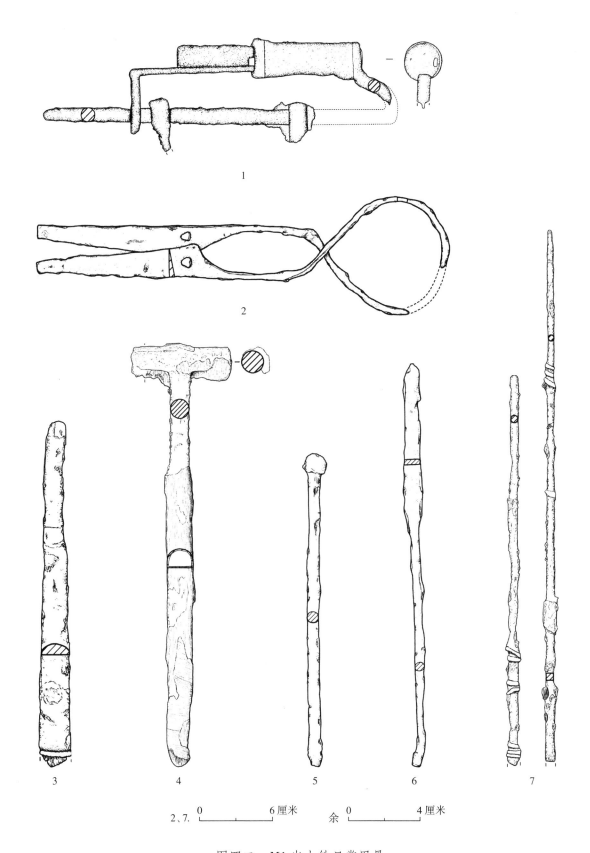

图四二　M1 出土铁日常用具

1. 锁（M1：28）　2. 剪（M1：50）　3. 条形锉（M1：25）　4. "T"形锉（M1：104-1）　5、6. 铁条（M1：57-2、57-1）　7. 签子（M1：111）

21.4 厘米；M1：57-2，长 16.6 厘米（图四二，5、6；彩版五〇，5）。

签子　2件。M1：111，细长条，笔直，一端稍粗，一端尖细。一根残长 42、截面直径 0.6 厘米，另一根残长 30.9、截面直径 0.75 厘米（图四二，7；彩版五〇，6）。

（六）玉、石器

玛瑙、水晶串饰　1套。包括水晶串珠、红玛瑙串珠、红玛瑙短柱和绿玛瑙心形珠。出土时被扰乱，组合方式不明（图四三，1、4、5）。M1：105-1，水晶串珠，5枚。六瓣瓜棱状，上下两端有穿孔。长 1.5、最大径 1 厘米（图四三，2；彩版五一，1）。M1：105-2，红玛瑙串珠，12 枚。长梭形，表面打磨光滑，上下两端有穿孔。长 2.4、最大径 0.7 厘米（图四三，3；彩版五一，1）。M1：105-3，红玛瑙短柱，2 枚。一大一小。上细下粗，平面近梯形，上部两侧有穿孔，表面打磨光滑，大者外表还包金箔。大者长 2.6、小者长 2 厘米（图四三，5；彩版五一，2）。M1：105-4，绿玛瑙心形珠，1 枚。深绿色，夹杂多道不规则浅黄条。上部短横梁上有穿孔，下部粗大，呈圆锥状。通高 3.2、珠直径 1.7 厘米（图四三，4；

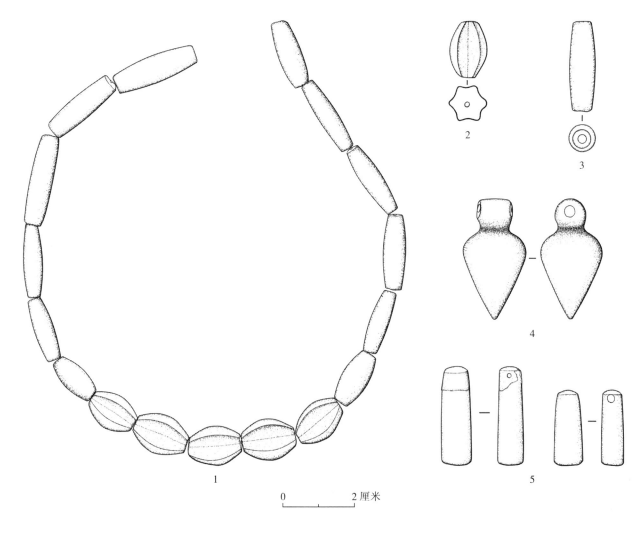

图四三　M1 出土玛瑙、水晶串饰

1. 串饰组合（M1：105）　2. 水晶串珠（M1：105-1）　3. 红玛瑙串珠（M1：105-2）　4. 绿玛瑙心形珠（M1：105-4）　5. 红玛瑙短柱（M1：105-3）

彩版五一，3）。

石条 1件。M1：110，石条为长方体，横截面为方形，通体为黑色，外表包银皮。银皮多已残碎。长21.5、宽2、厚1.7厘米（图四四，1；彩版五一，4、5）。

石管状饰 1件。M1：107，黑石圆柱管，两端有穿孔，有银丝穿过。石管表面打磨光滑，体略弧曲。长14、直径1.2、孔径0.4厘米（图四四，2；彩版五一，6）。

石围棋子 1副。分为黑、白棋子两种。M1：43，黑棋子，194枚，大小相同，形制规整。用黑色石材加工而成，圆纽扣状，两面微鼓，边缘稍薄。直径1.7厘米（图四四，3；彩版五二，1）。M1：42，白棋子，143枚，选择天然小河卵石制成，棋子大小、形状、颜色不统一。近圆形，扁平状，多数为灰白色，少数为黄褐色，个别为黑灰色。直径1.6~1.75厘米（图四四，4；彩版五二，2）。

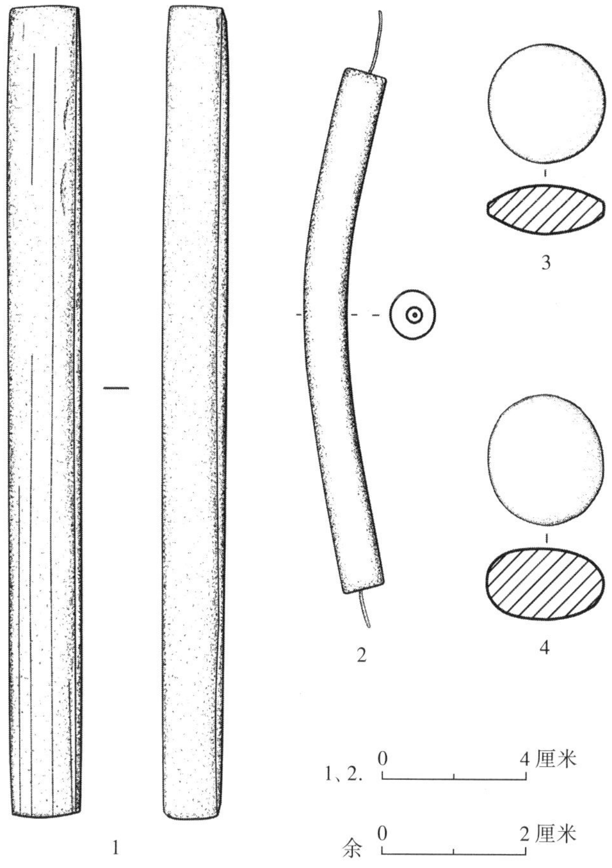

（七）骨、角器

骨勺 1件。M1：24，细长柄，柄首略残，上部稍粗，往下渐细，近勺部变为扁平状。勺部短而小，平面近圆形，稍微下凹。表面加工光滑平整，背面有刀削痕。残长14.5、最宽处2厘米（图四五，1；彩版五三，1）。

骨算筹 1套。古代计算工具。M1：26，完整和修复完整者8根，残断者30余根，推测总数在25根左右。长短、粗细、形制基本相同。长条状，形似筷子，两端粗细相等，截面为正方形，整体略弧曲。长14.8、宽0.4厘米（图四五，2；彩版五三，2）。

骨牙刷 1件。M1：27，刷头平面为长椭圆形，正面密布小圆孔，分为左、右两排，每排5个，上下两端中间还各有1个，刷头上共12个小孔，圆孔内安装刷毛。刷头背面为一个长条形浅槽，刷毛在此打结成束。柄部细长，扁方形，整体微弧，便于手持。柄首略残。残长23、刷头长3.3、宽0.5、最厚0.7厘米（图四五，4；彩版五三，3）。

骨簪 1件。M1：53，长条状，整体细长、扁平，通体打磨光滑。簪首略宽大，向下渐窄，簪尾尖细。表面平整，中间略鼓，两缘稍薄，截面呈扁圆形。长18.1、最厚0.3厘米（图四五，3；彩版五三，4）。

骨箸 1双。M1：108，细长，箸尖较细，体略弧曲，外表打磨光滑，两端包银皮。其中1根残断。完整者长25.3、直径约0.5厘米（图四五，5；彩版五三，5）。

图四四 M1出土石器

1. 石条（M1：110） 2. 管状饰（M1：107） 3. 黑棋子（M1：43）
4. 白棋子（M1：42）

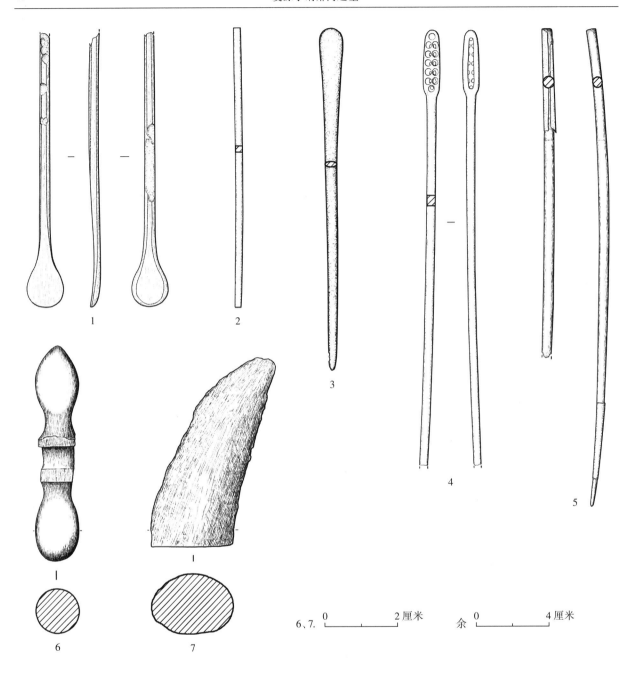

图四五　M1 出土骨、角器

1. 骨勺（M1：24）　2. 骨算筹（M1：26）　3. 骨簪（M1：53）　4. 骨牙刷（M1：27）　5. 骨箸（M1：108）　6. 骨饰件（M1：109）
7. 号角塞（M1：61）

　　骨饰件　1件。M1：109，两端呈长球状，中部较细，外表打磨光滑。长5.7、最大径1.2厘米（图四五，6；彩版五三，6）。

　　号角塞　4件。大小、形制相近。M1：61，角质，为动物（羊？）角上截下的角尖，截面平齐，为椭圆形。表面角鞘已朽，只剩骨质部分。克什克腾旗二八地 M1 和上烧屯 M5 曾出土同类物品，出土时角上套有银质号角。可知号角塞在使用时塞于银质号角内起支撑作用，防止薄软的银号角被挤扁。长5、底面长径2.3、短径1.6厘米（图四五，7；彩版五三，7）。

二号墓

M2 位于墓地中部略偏西，在 M1 与 M5 之间。此墓早期被盗，出土遗物较少。

一 墓葬形制

现地表呈缓坡状，不见封土。全墓由墓道、墓门、甬道和墓室几部分组成，全长约 13.5 米，墓向 142 度（图四六）。

墓圹平面为圆角方形，口大底小，四边略有收分，上口边长 5.8、下口边长约 5、深 4.3 米。墓圹内用木枋搭建墓室和甬道，位置居中。木质墓室与圹壁之间有较大间隙。圹内填土为土石混合，一层绿色碎石叠压一层黄褐土，近墓顶处压一层大石块。

墓道居墓圹南壁正中，从地表通向墓底，斜坡状，前窄后宽，全长(水平长度)7.7、宽 1.2~1.9 米。墓道坡度平缓，最下部有一级台阶，与墓门相通。两侧壁较陡直，不施白灰。填土为黄褐土夹杂大量绿色碎石，较松软。墓道中部距地表约 30 厘米处，发现一个完整的牛头骨，牛头骨左侧有一块长条石。填土中又陆续发现了多具牛小腿骨、牛蹄及一串牛尾骨。

墓门即为木质甬道之门，两边各有一个方形门柱，柱径 10 厘米。门洞用砖石封堵，墓门上有石块砌筑的较规整的石额墙。石墙与墓道等宽，高 2 米（图四七）。

甬道立壁均由木枋构成，木枋直立，每块木枋宽约 10~16 厘米。平面为长方形，宽 0.88、进深 1.7、高 0.6~0.8 米。

墓室平面为八角形（彩版五四，1）。用木枋垒砌而成，立壁交角处采用榫卯结构咬合，顶部以木枋叠涩内收。墓室顶上有大石压顶，已塌落至墓底。墓底铺有木板，可能有棺。墓室外围不再砌筑砖或石质墓壁。木质墓壁残高 0.8 米，墓室宽 3.52、进深 3.72 米。墓室内发现两个头骨和部分肢骨。此墓早年被盗，墓室内出土少量遗物。

二 出土遗物

（一）瓷器

白瓷碗 2 件，形制、大小相同。M2：2，胎质洁白细腻，通体均施白釉，内外壁均有流釉痕迹。敞口，尖唇，斜弧腹，圈足外侈。素面。内壁下方有轮制痕，内底有 3 个支烧痕。口径 13.6、底径 4.5、高 5.6 厘米（图四八，1；彩版五四，2）。 M2：3，白釉微黄，釉底面有釉渣，外壁有流釉痕。口径 12.9、底径 4.5、高 5 厘米（图四八，2；彩版五四，3）。

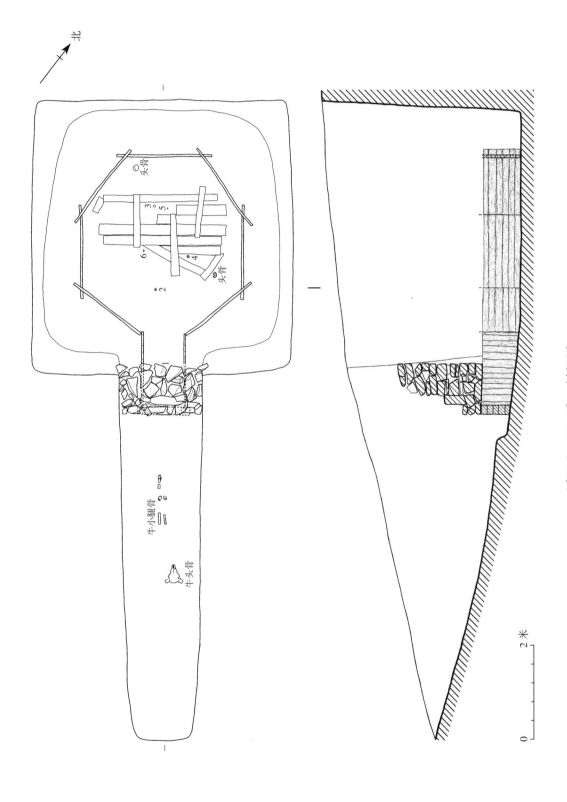

图四六　M2 平、剖视图

1. 铁锁　2、3. 白瓷碗　4. 青黄釉瓷小盖罐　5. 水晶珠　6. 琥珀双桃形饰（其他遗物出土位置不明）

0   50 厘米

图四七　M2 墓门立面图

青黄釉瓷小盖罐　1 件。M2：4，黄白胎较粗。器外施半釉，下腹部及圈足露胎。釉色不均匀，腹部露白色化妆土。盖为黑灰色，呈不规则圆形，表面有刻痕，背面有圆突。罐敛口，广肩，扁圆腹，圈足，外底部有小突起。素面。器形很小。罐口径 2.2、底径 3.2、高 4 厘米，通高 4.9 厘米（图四八，3；彩版五四，4）。

（二）铁器

锁　1 件。M2：1，横式锁，锁套为圆筒形，一侧有长方形锁眼。直角形卡簧伸入锁套中，

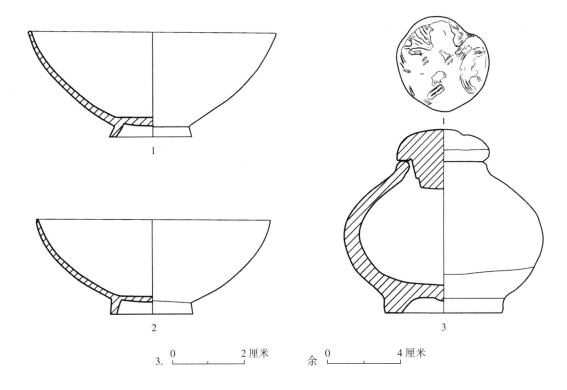

图四八　M2 出土瓷碗、盖罐

1、2.白瓷碗（M2：2、3）　3.青黄釉瓷小盖罐（M2：4）

锁栓上套连两个铁门鼻。长 21.2 厘米（图四九，1；彩版五五，1）。

　　刀　1 件。M2：11，弧刃，弧背，残存刀身前半部。残长 6.4 厘米（图四九，2；彩版五五，2）。

　　钉　12 枚。分为 3 种（彩版五五，3）。M2：12-1，钉首短小，偏于一侧。长 11 厘米（图四九，6）。M2：12-2，钉首较长，偏于一侧。长 17 厘米（图四九，5）。M2：12-3，钉首为圆形，钉身居中，钉尖砸弯。长 4~7 厘米（图四九，4）。

　　灯足　1 件。M2：14，为灯架的三个足之一，接触地面部分呈圆饼状。残长 7.3 厘米（图四九，3）。

　　（三）玉、石、玻璃器等

　　琥珀双桃形饰　1 件。M2：6，暗红色，双面圆雕两桃三叶，两面形状相同。最下部雕刻两片桃叶，呈倒八字形，其上承托两枚桃子，左右并排。桃子顶部露出一叶，叶尖斜向偏向一侧。雕工精细，桃叶上的叶脉纹清晰可见。从顶至底，正中有一细穿孔，上下贯通。推测为串饰。长 2.45、宽 1.75 厘米（图五〇，1；彩版五六，1、2）。

　　水晶珠　2 枚。均无色透明，1 枚为梭形，1 枚为圆球形（彩版五六，3）。M2：5-1，梭形，两端被截去，中部有对穿孔。长 1.66、最大径 1.15 厘米（图五〇，2）。M2：5-2，圆球形，中部有一穿孔。直径 1.2、孔径 0.25 厘米（图五〇，3）。

　　红石英饰件　1 件。M2：7，为粉红色的天然砾石。整体呈心形，实心，一侧劈裂。长 3.3、

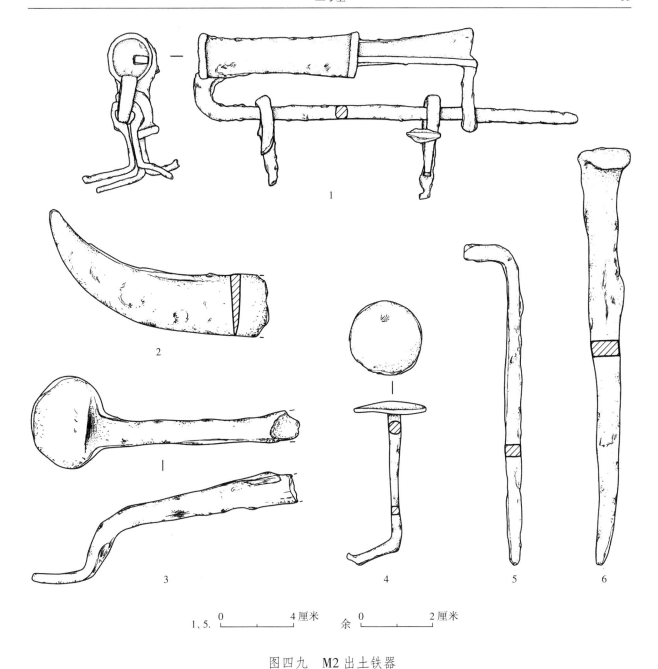

图四九　M2 出土铁器

1. 锁（M2：1）　2. 刀（M2：11）　3. 灯足（M2：14）　4~6. 钉（M2：12-3、12-2、12-1）

宽 1.9 厘米（图五〇，4；彩版五六，4）。

松香串珠　2 枚。一大一小，均为椭圆形，略扁，中部穿孔。表皮剥落，质地十分疏松（彩版五六，5）。M2：10-1，小珠，长 1.49、宽 1.1 厘米（图五〇，7）。M2：10-2，大珠，长 1.7、宽 1.5 厘米（图五〇，6）。

玻璃管状饰　1 件。M2：9，细圆柱状，两端有穿孔。表面受侵蚀，呈乳白色。长 5.6、管径 0.8 厘米（图五〇，5；彩版五六，6）。

玻璃质饰件　6 件。皆为扁平状，形状各异。半透明，表面受侵蚀，凹凸不平。M2：8-

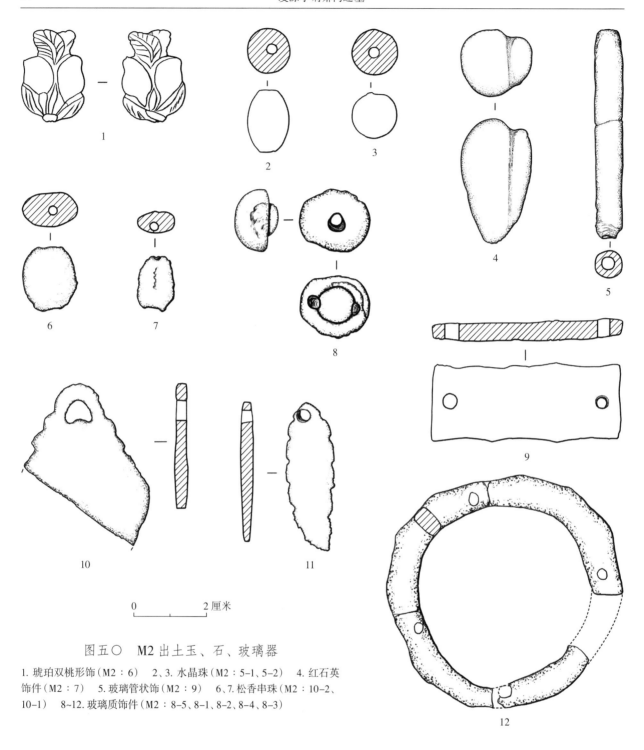

图五〇 M2 出土玉、石、玻璃器

1. 琥珀双桃形饰（M2：6）　2、3. 水晶珠（M2：5-1、5-2）　4. 红石英
饰件（M2：7）　5. 玻璃管状饰（M2：9）　6、7. 松香串珠（M2：10-2、
10-1）　8~12. 玻璃质饰件（M2：8-5、8-1、8-2、8-4、8-3）

1，长方形 2 件。两端各有一孔。长 5.18、宽 2.13、厚 0.5 厘米（图五〇，9；彩版五七，1）。
M2：8-2，心形 1 件，残缺。顶端有一不规则形穿孔。残长 4.3、残宽 3.43、厚 0.37 厘米（图
五〇，10；彩版五七，2）。M2：8-3，环形 1 件，残成 4 段。对称双孔。复原直径约 6.5 厘米（图
五〇，12；彩版五七，3）。M2：8-4，柳叶形 1 件，两侧呈锯齿状，顶端有穿孔。残长 3.92、
宽 1.32、厚 0.36 厘米，孔径 0.3~0.35 厘米（图五〇，11；彩版五七，4）。M2：8-5，纽状 1 件。
直径 1.7、高 1.23 厘米（图五〇，8；彩版五七，5）。

三号墓

M3 位于墓地西南部，在 M4 与 M5 之间。此墓早期被盗，出土遗物较少。

一　墓葬形制

现地表呈缓坡状，不见封土。全墓由墓道、墓门、甬道和墓室几部分组成，全长约 13.1 米，墓向 142 度（图五一）。

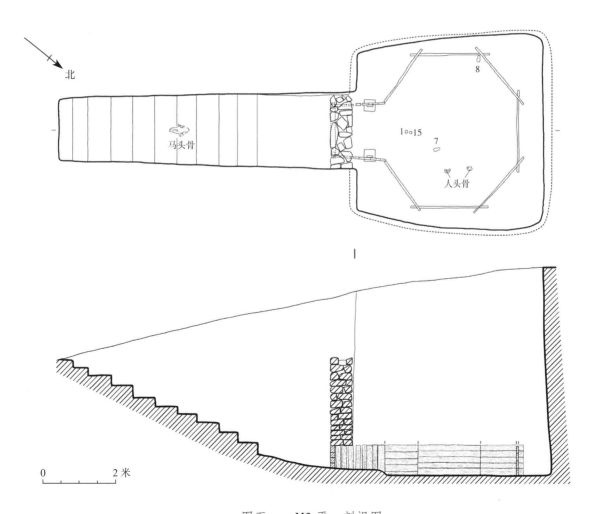

图五一　M3 平、剖视图

1.白瓷盏托　15.白瓷碗　7、8.白釉绿彩瓷鸡冠壶（其他器物出土于填土或盗洞内）

墓圹平面为圆角长方形，袋状，口小底大，上口长 5.8、宽 5 米，下口长 6.2、宽 5.2 米，深 4.8~5.4 米。墓圹内用木枋搭建墓室和甬道，位置居中。木质墓室与圹壁之间有间隙。圹内填土，土石混合，石块较多。靠近北壁有盗洞，盗洞内出土残白瓷渣斗 1 件。

墓道居墓圹南壁正中，从地表通向墓底，阶梯状，全长（水平长度）7.3、宽 1.6~1.8 米，有 10 级台阶。最下部为较缓的坡道，与墓门相通。两侧壁较陡，不施白灰。墓道中部填土中出土一个马头。

墓门即木质甬道之门，两边各有一个方形门柱，柱径 12 厘米，门洞宽 1.3、高 0.6 米。门洞之上有石额墙。

甬道立壁均由木枋垒成，木枋直立，每块木枋宽约 16 厘米。平面为长方形，宽 1.3、进深 1.5、高约 0.7 米。

墓室平面呈八角形。用木枋垒砌而成。立壁交角处采用榫卯结构咬合，顶部以木枋叠涩内收，顶部正中用一块长方形石板封盖。石板长 1.3、宽 0.91 米，粉色砂岩，已随墓顶塌落至墓底。墓室内发现较多铁钉，怀疑墓顶的木枋用这些铁钉连接加固。木质立壁残高 0.9 米，墓室宽 4、进深 3.6 米。墓室地面比甬道处低 15 厘米，为加工平整的基岩（彩版五八）。墓室内发现两个头骨和部分肢骨。此墓早年被盗，出土少量遗物，以瓷器为主。

二　出土遗物

（一）瓷器

白釉绿彩瓷鸡冠壶　2 件。形制、大小基本相同，为一对。M3：8，粉红色胎，通体施白化妆土，外罩白釉，釉不及底。捏环式提梁，管状流，颈部略束，扁鼓腹，体较高，圈足。管口处有两道横向直线凸棱。腹部两面都饰"U"形皮条纹，其内有两道短直线皮条纹，管口下腹部侧面饰鱼叉状皮条纹。提梁、颈部和腹部皮条纹上饰圆饼状皮扣纹。皮条纹和皮扣纹上涂绿彩。流口径 3.4、足径 10.6、高 35.5 厘米（图五二，1；彩版五九，1）。M3：7，流口径 3.6、足径 10.1、高 35 厘米（图五二，2；彩版五九，2）。

白瓷盏托　1 件。M3：1，胎细白，夹杂较多黑点。釉色灰白，内外施满釉，圈足外底无釉。托座呈盅形，口微敛，深腹；托盘为尖圆唇，斜直腹；圈足略外侈。素面。托座口径 6.4、托盘口径 12.8、底径 5、高 6.4 厘米（图五三，1；彩版五九，3）。

白瓷花口杯　1 件。M3：2，胎呈乳白色，较细腻。内壁釉色泛黄，外壁闪青，均施白色化妆土。八曲花式口，曲瓣大小不一。口微敞，弧腹较深，圈足。素面。内壁粘少量渣粒。口径 9.5、底径 3.6、高 4.5 厘米（图五三，2；彩版五九，4）。

白瓷花口碟　2 件。形制相同，大小略有区别。M3：4，胎细白。釉色略泛青，圈足内底及外壁下部无釉。二十曲花式口，折腹，小圈足。圈足根刀削痕迹明显。素面。口径 11.7、底径 4.2、高 3.5 厘米（图五三，3；彩版六〇，1）。M3：3，十七曲花式口。口径 11.8、底径 3.8、高 3.4 厘米（图五三，4；彩版六〇，2）。

白瓷小盘　2 件。形制、大小相近，略有差异。M3：5，胎灰白细腻，质坚。釉色白中泛青灰色，圈足及外腹下部不施釉。敞口，浅弧腹，矮圈足。素面。口径 11.5、底径 4.2、

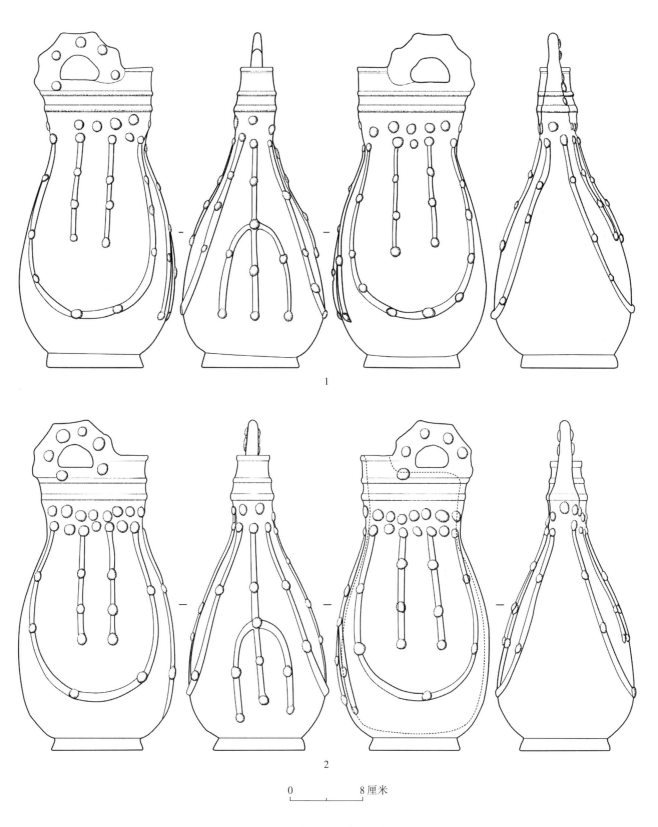

图五二　M3 出土白釉绿彩瓷鸡冠壶

1. M3：8　2. M3：7

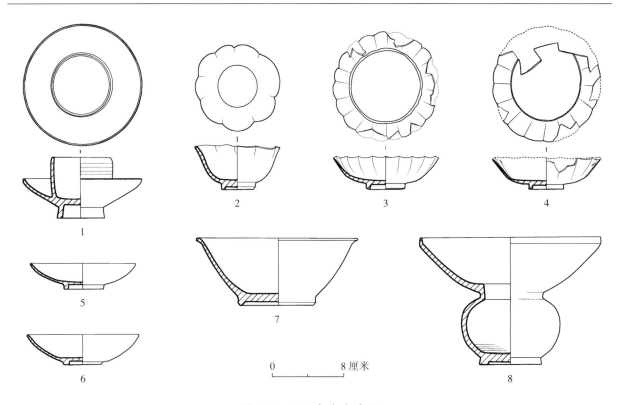

图五三　M3 出土白瓷器

1. 盏托（M3∶1）　2. 花口杯（M3∶2）　3、4. 花口碟（M3∶4、3）　5、6. 小盘（M3∶5、6）　7. 碗（M3∶15）　8. 渣斗（M3∶14）

高 2.7 厘米（图五三，5；彩版六〇，3）。M3∶6，器体略高，内底有 3 个长条形支烧痕。口径 12.2、底径 4、高 3.2 厘米（图五三，6；彩版六〇，4）。

白瓷碗　1 件。M3∶15，胎细白。釉色白中泛青，圈足外底无釉。敞口，沿略外卷，斜直腹，圈足。素面。口径 17.8、底径 8、高 7.1 厘米（图五三，7；彩版六〇，5）。

白瓷渣斗　1 件。M3∶14，胎质洁白细腻。釉色白中泛黄，罐身近底部及圈足无釉。大喇叭形盘口较深，短颈，罐身为圆肩，圆腹，矮圈足微外侈。内壁底部有轮制痕迹，外底部挂釉不匀，有轮制痕迹。盘口内部有 4 道不规则支烧痕。出土于盗洞。口径 19.5、底径 6.5、高 13 厘米（图五三，8；彩版六〇，6）。

（二）铁器

镞　6 件。形制、大小相同。M3∶10，扁铲状，平面近等腰三角形。平直刃，两侧边略弧曲，尾端接铁铤。残长 9 厘米（图五四，1；彩版六一，1）。

腰带具　3 件。包括 2 件带铐和 1 件豆荚形横栓。M3∶11-1，带铐，残碎。M3∶11-2，豆荚形横栓，长条状，曲边，两端呈云头状，左右对称。长约 8 厘米（彩版六一，2）。

钉　10 多枚，形制基本相同。M3∶12，钉帽偏于钉身一侧，钉帽平，钉身截面为方形。长约 6~8 厘米（图五四，2、3；彩版六一，3）。

（三）骨器

牙刷　1 件。M3∶9，头部残缺，仅存柄部。柄细长，横截面为方形，上、下粗细相当。

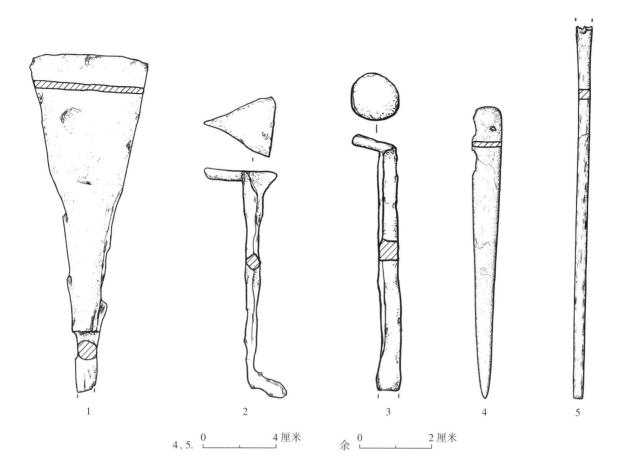

图五四　M3 出土铁、骨器

1.铁镢（M3：10）　　2、3.铁钉（M3：12-1、12-2）　　4.骨簪（M3：13）　　5.骨牙刷（M3：9）

表面打磨光滑。残长 19.6 厘米（图五四，5；彩版六一，4）。

　　簪　1件。M3：13，长扁平状，上部为圆弧状，往下渐细，尾端尖圆。两面打磨光滑。出土于填土。长 15.5、宽 1.6 厘米（图五四，4；彩版六一，5）。

四号墓

M4 位于墓地西南部，在 M3 西侧。此墓早期被盗，规模最小，出土遗物较少。

一 墓葬形制

现地表呈缓坡状，不见封土。全墓由墓道、墓门和墓室几部分组成，全长约 9.7 米，墓向 140 度（图五五）。

墓圹平面为圆角长方形，长 3.62、宽 3.56、深 2.5~3.08 米。墓圹内用木枋搭建墓室，位置居中。木质墓室与圹壁之间有较大间隙。圹内填土为土、石混合。

墓道居墓圹南壁正中，从地表通向墓底，斜坡状，坡度为 13 度，全长（水平长度）6、宽 1 米。两侧壁较陡直，不施白灰。墓道尽头有一道石墙，用大小不等的石块砌筑而成，高 2.4、厚约 0.8 米，从上至下，将墓门封堵严实（图五六）。封门石墙之后即为墓室。

墓门即为墓室之门，由于木质墓室顶部已塌落，形制不明。

墓室平面为不规则六边形（彩版六二）。用木枋垒砌而成，立壁交角处采用榫卯结构咬合，顶部以木枋叠涩内收，木顶已塌落至墓底。墓室外围用石块垒砌加固。木质立壁残高 0.5 米，墓室宽 2.4、进深 2.5 米。墓室地面为加工平整的基岩。墓室内发现两个头骨和部分肢骨。此墓早年被盗，仅出土少量遗物。

二 出土遗物

（一）陶、瓷器

深黄釉瓷鸡冠壶 1 件。M4：2，米黄色胎。外壁施半釉，下部露化妆土，圈足露胎。管状侈口，扁环状提梁，上饰捏窝纹。上腹部略扁，腹部相对较短，圆弧垂腹，圈足。高 21.8、底径 6.3 厘米（图五七，1；彩版六三，1）。

浅黄釉瓷鸡冠壶 1 件。M4：15，浅褐色胎。外壁施半釉，下部露化妆土，圈足露胎，外壁流釉明显。管状侈口，扁环状提梁，上饰捏窝纹。上腹部略扁，腹部瘦长，圈足。管口与腹部交接处饰一周凸系带纹。高 29、底径 6.6 厘米（图五七，2；彩版六三，2）。

辽三彩方盘 5 件。形制、大小相同，内部饰相同的印花纹（彩版六四，1~5）。M4：12，粉色胎，施白色化妆土。内壁着黄、绿、白三彩，外壁上半部施黄彩，下半部露化妆土，底部露胎。曲边花式方形敞口，斜直壁，方形平底。内底四边以宽凹槽为边饰，底部中央饰团

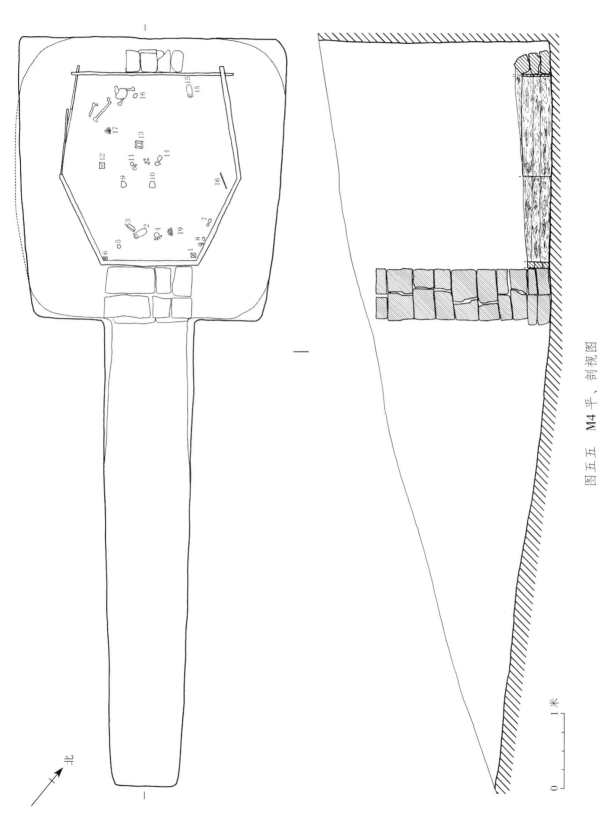

图五五 M4 平、剖视图

1、6、12~14. 辽三彩方盘 2、15. 黄釉瓷鸡冠壶 3. 铁锁 4、5、7、18. 铁铃 8. 辽三彩大碗 9、10. 铁马镫 11. 铁马衔镳 16. 铁条 17. 铁镦 19. 玻璃质腰带具

0　　　　　　40厘米

图五六　M4墓门立面图

状牡丹纹，四角饰相同的三角形花叶纹。四个斜壁纹饰相同，四角棱线为宽凹槽，每面中间以粗直线平分，两侧各饰一朵菱形牡丹花。四角棱线和粗直线两侧饰对称卷云纹。所有纹饰皆先模印，再涂黄、绿釉，白釉为地。釉彩常溢出纹饰范围，两者不完全吻合。口边长 12.6、底边长 7.8、高 2.8 厘米（图五七，4；彩版六四，3）。

辽三彩大碗　1 件。M4：8，粉色胎，质地较疏松。内、外施白色化妆土。内壁口沿一周施黄釉，似为连弧纹，往下施不规则黄、绿釉色块，与白釉底色搭配成三彩。外壁施单绿釉，釉不及底，下腹露出化妆土，腹根部和圈足露胎。六曲花式口外敞，斜弧腹，圈足。内底有三个绿豆大支钉痕。口径 27.5、底径 10.2、高 9.4 厘米（图五七，3；彩版六三，3）。修复时发现有一片口沿出土于 M5 内，瓷片可能被盗墓者混入。

（二）铁器

锁　1 件。M4：3，横式锁，残缺严重，散为数段。

铃　4 件。形制相同，大小相当，仅 1 件保存较好。M4：18，整体近长球形，铃身为两个半球焊接而成，顶部有一环形穿纽，底部有长条形开口。高 9.9、腹径 8 厘米（图五八，1；彩版六五，1）。

马衔镳　1 件。M4：11，衔为双节直棍形，镳为两个大圆环，分别套在衔两端的小环内。环形镳扁平，横截面为扁长条形。衔长 14 厘米，环形镳直径 8.5 厘米（图五八，2；彩版六五，2）。

马镫　2 件为 1 副。M4：9，梁穿式，镫轮整体呈弧角三角形，上窄下宽，顶梁上有一扁长方形穿孔，轮柱粗实，截面为扁长方形，踏板为椭圆形，中部略上凸（彩版六五，3）。M4：10，稍有区别，顶梁上端较平。高 16、宽 14.5 厘米（图五八，4；彩版六五，3）。

铁条　1 件。M4：16，体细长，截面呈长方形。下端较细，似为柄，中上部较粗。长 28.4 厘米（图五八，5；彩版六五，4）。

镞　8 件。形制、大小相同。M4：17，镞身平面为菱形，横截面为长方形，尾部有圆銎，内插细长铁铤。长 10.2、刃宽 2.85 厘米（图五八，3；彩版六五，5）。

图五七　M4 出土黄釉瓷鸡冠壶和辽三彩大碗、方盘

1、2.黄釉瓷鸡冠壶（M4：2、15）　3.辽三彩大碗（M4：8）　4.辽三彩方盘（M4：12）

（三）玻璃器

腰带具　1 套，70 余单件。M4：19，主体为玻璃质，扁平状，其上穿铁质铆钉。原应为青白色半透明状，如冰类玉，出土后由于表面受潮气侵蚀，局部呈乳白色粉末状（彩版六六，1）。M4：19-1，宽马蹄形带铐，4 件。顶部圆弧，下边平直，下半部有长圆形穿孔。穿 3 枚铆钉，

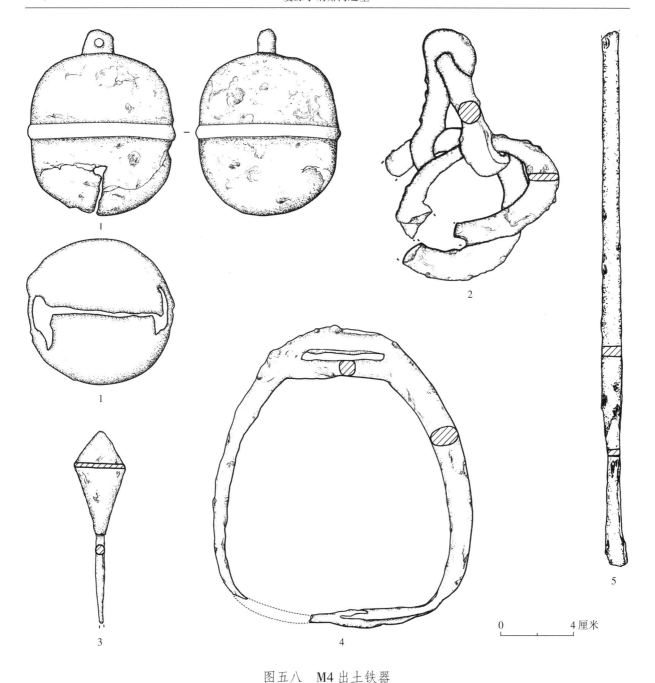

图五八　M4 出土铁器

1. 铃（M4：18）　2. 马衔镳（M4：11）　3. 镞（M4：17）　4. 马镫（M4：10）　5. 铁条（M4：16）

呈品字形分布。背面残留铁背板锈痕。长 4、宽 2.5、厚 0.6 厘米（图五九，1；彩版六六，2）。M4：19-2，马蹄形带銙，4 件。有 3～4 枚铁铆钉。长 3.3、宽 2.8、厚 0.8 厘米（图五九，2）。M4：19-3，心形饰，5 件。表面有 2 枚铁铆钉。长 2.6、厚 0.5 厘米（图五九，3；彩版六六，3）。M4：19-4，长方形饰，30 多件。形状、大小略有差异。表面有 2 枚铁铆钉。长 2.88、宽 1.67 厘米（图五九，4；彩版六六，4）。M4：19-5，圆角长方形饰，30 多件。形状、大小略有差异。表面有 2 枚铁铆钉。长 3.1、宽 1.4 厘米（图五九，5）。M4：19-6，小圭形饰。表面有 2 枚铁铆钉。长 1.9、宽 1.9 厘米（图五九，6；彩版六六，5）。M4：19-7，圆角方形饰。

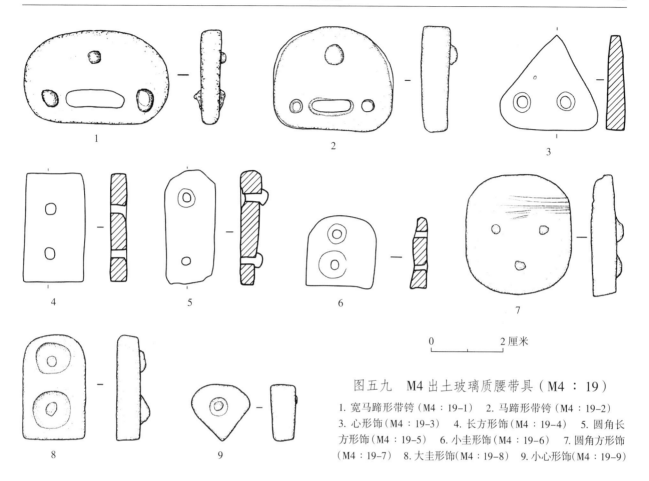

图五九　M4出土玻璃质腰带具（M4：19）

1. 宽马蹄形带铐（M4：19-1）　2. 马蹄形带铐（M4：19-2）
3. 心形饰（M4：19-3）　4. 长方形饰（M4：19-4）　5. 圆角长
方形饰（M4：19-5）　6. 小圭形饰（M4：19-6）　7. 圆角方形饰
（M4：19-7）　8. 大圭形饰（M4：19-8）　9. 小心形饰（M4：19-9）

0　　　　　　2厘米

表面有 3 枚铆钉，呈倒置三角形分布。长 3.2、宽 2.9、厚 0.7 厘米（图五九，7；彩版六六，6）。
M4：19-8，大圭形饰，上端圆弧，底边平齐。表面有 2 枚铁铆钉，纵向分布。长 2.8、宽 1.7、
厚 0.65 厘米（图五九，8）。M4：19-9，小心形饰，上端圆弧，下端尖锐，表面正中有 1 枚
铁铆钉。长 1.6、宽 1.5、厚 0.7 厘米（图五九，9；彩版六六，5）。

五号墓

M5 位于墓地西南部，在 M2 和 M3 之间。此墓早期被盗，出土遗物较少。

一　墓葬形制

地表呈缓坡状，不见封土。全墓由墓道、墓门和墓室几部分组成，全长约 13.5 米，墓向 140 度（图六○）。

墓圹平面为圆角长方形，口大底小，上口长 6.2、宽 5.6 米，下口长 5.9、宽 5.55 米，深 2.5~4 米。墓圹内用木枋搭建墓室，位置居中。木质墓室与圹壁之间有较大间隙。圹内填土为土、石混合。

墓道居墓圹南壁正中，从地表通向墓底，斜坡状，坡度 12 度，全长（水平长度）7.3 米，前窄后宽，宽 0.9~1.3 米。两侧壁较陡直，不施白灰。墓道前端发现两根动物下肢骨。填土中包含较多残砖。

墓门由石块砌成门框，形制简单。通高 1.9、宽 1.2~1.4 米。上半部为平整的石额墙，下半部留出方形的门洞，门洞高 0.7、宽 0.7、进深约 0.8 米。门楣为一整块长条形巨石，横担在两侧石壁上（图六一）。门洞用砖石封堵。石门之后即为墓室。

墓室平面呈八角形，用木枋垒砌而成（彩版六七，1）。立壁交角处采用榫卯结构咬合，顶部以木枋叠涩内收，墓顶已塌落至墓底。木质立壁残高 1.4 米，墓室宽 3.84、进深 4.3 米。墓室地面为加工平整的基岩。墓室内发现两个头骨和部分肢骨。此墓早年被盗，出土少量遗物。

二　出土遗物

（一）陶、瓷器

辽三彩海棠长盘　2件。其中1件可复原。M5：3，米黄色胎。腹内部施黄釉，盘内底施绿、白、黄三彩，外壁施黄色半釉，下部露出白色化妆土，盘底露胎。八曲海棠式花口，宽平沿，浅腹，平底。宽平沿上饰连续的缠枝花叶纹，盘内饰三朵八角莲纹，旁边衬以水波纹。口沿长 26.5、宽 15.7 厘米，底部长 21.5、宽 10.2、高 2.4 厘米（图六二，1；彩版六八，1）。

辽三彩方盘　8件。M5：4~11，形制、大小相同（彩版六八，2~4；彩版六九）。M5：7，粉色胎，施白色化妆土。内壁施黄、绿、白三彩，外壁上半部施黄彩，下半部露化

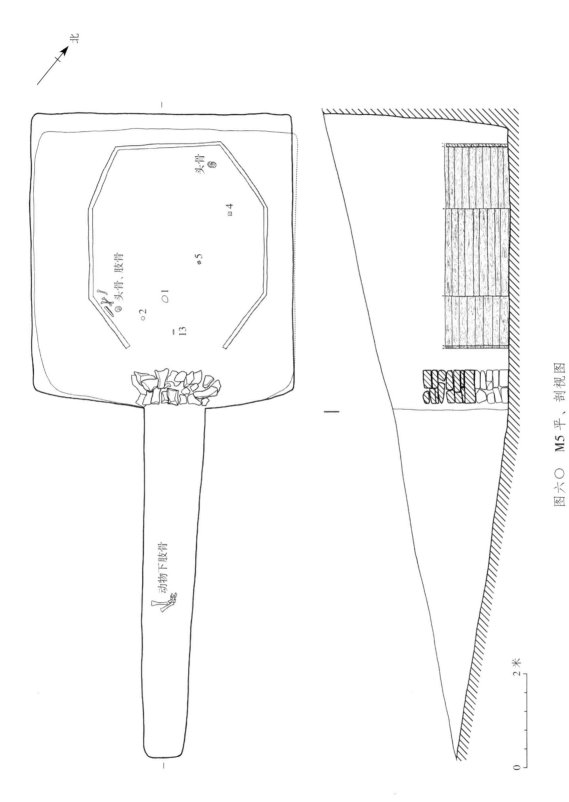

图六〇 M5 平、剖视图

1. 铜面具 2. 黄釉瓷钵 4、5. 辽三彩方盘 13. 铁锁（其他遗物出土位置不明）

北

头骨

动物下肢骨

头骨、肢骨

2 米

0

0　　　　40厘米

图六一　M5墓门立面图

妆土，底部露胎。曲边花式方形敞口，斜直壁，方形平底。内底四边以宽凹槽为边饰，底部中央饰团状牡丹纹，四角饰完全相同的三角状花叶纹。四斜壁纹饰相同，四角棱线为宽凹槽，每壁中间以粗直线平分，两侧各饰一朵菱形牡丹花。四角棱线和粗直线两侧饰对称卷云纹。所有纹饰皆先模印，再涂黄、绿彩，白彩为地。纹饰与釉彩不完全吻合。口边长12.6、底边长7.8、高2.8厘米（图六二，2）。

黄釉瓷钵　1件。M5:2，淡黄色胎，质地较粗糙。外壁施黄色半釉，下腹部露化妆土，圈足露胎。内壁不施釉，露白色化妆土。圆唇，敛口，圆弧腹，圈足。内底有一个圆形支烧痕。口径18、底径8、高11厘米（图六二，3；彩版六七，2）。

黄釉瓷渣斗　1件。残存上半部。M5:16，灰白色胎。施黄釉。大敞口，下部残缺。口径19.2、残高5厘米（图六二，4；彩版六七，3）。

（二）铁器

锁　1件。M5:13，横式锁，残成两段。锁簧呈"L"形（彩版七〇，1）。

铃　1件。M5:14，残成多块。铃身为两半球焊接而成，整体近长圆形。

镞　1件。M5:15，扁铲状，平面近等腰三角形，刃部平直，尾部接铁铤。残长8.2厘米（图六二，5；彩版七〇，2）。

（三）铜器

面具　1件。M5:1，残，形制不详。

（四）玻璃器

腰带具　1套，40多件。M5:12，包括带銙、牌饰、横栓等，不见带扣。均为玻璃质，带饰上的铆钉为铁质（彩版七〇，3）。M5:12-1，圆角方形饰，2件。有3~4枚铁铆钉。边长3.75、厚0.6厘米（图六三，1；彩版七一，1）。M5:12-2，长方形带銙，2件。大小、形制相同。四边平直，下部有扁圆形穿孔，有4个铁铆钉。长4.15、宽2.7、厚0.4厘米（图六三，2；彩版七一，2）。M5:12-3，长方形饰，约10件。有2枚铆钉。长3.55、宽1.76、厚0.8厘米（图六三，3；彩版七一，3）。M5:12-4，马蹄形带銙，4件。下部有穿孔，有3枚铁铆钉。长3.7、宽2.5、厚0.6厘米（图六三，4；彩版七一，4）。M5:12-5，心形饰，1件。有2枚铆钉。长3、宽2.65、厚0.6厘米（图六三，5；彩版七一，5）。M5:12-6，

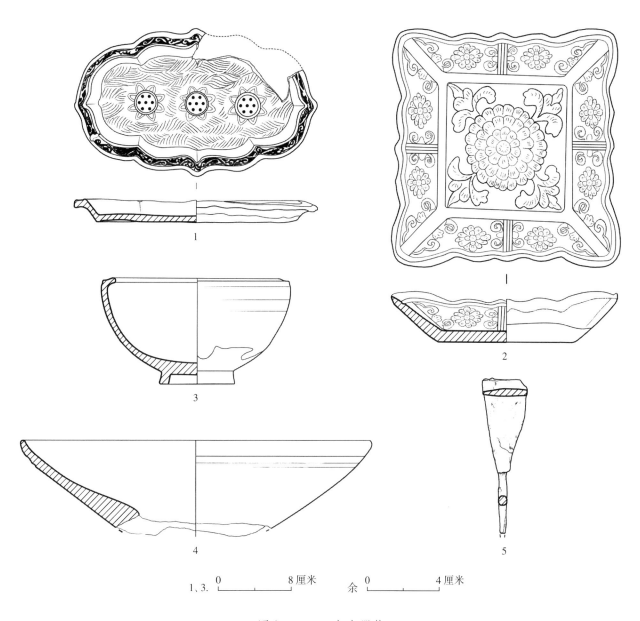

图六二　M5 出土器物

1. 辽三彩海棠长盘（M5：3）　2. 辽三彩方盘（M5：7）　3. 黄釉瓷钵（M5：2）　4. 黄釉瓷渣斗口沿（M5：16）　5. 铁镞（M5：15）

拱形凹尾饰，8 件。大小不一。中部有 2 枚铆钉，底边内凹。大者长 2.8、宽 1.95、厚 0.5 厘米（图六三，6；彩版七一，6）。M5：12-7，窄长圭形饰，10 件。形状略有差异。底边平齐，均有 2 枚铆钉。长 2.7、宽 1.45、厚 0.6 厘米（图六三，7）。M5：12-8，小圭形饰，4 件。底边平齐，有 1 枚铆钉。长 1.35、宽 1.45、厚 0.6 厘米（图六三，8；彩版七一，7）。

　　腰带具　2 件。形制相同，大小略有差异。均为扁平状，圆拱形。可能 8 件为 1 套，现仅残存 2 件。M5：17-1，一面有 3 枚铆钉。高 5.5、宽 5.3、厚 0.7 厘米（图六三，9；彩版七〇，4）。M5：17-2，略低矮，一面有 3 枚铆钉。高 4.8、宽 5.7、厚 0.7 厘米（图六三，10；彩版七〇，5）。

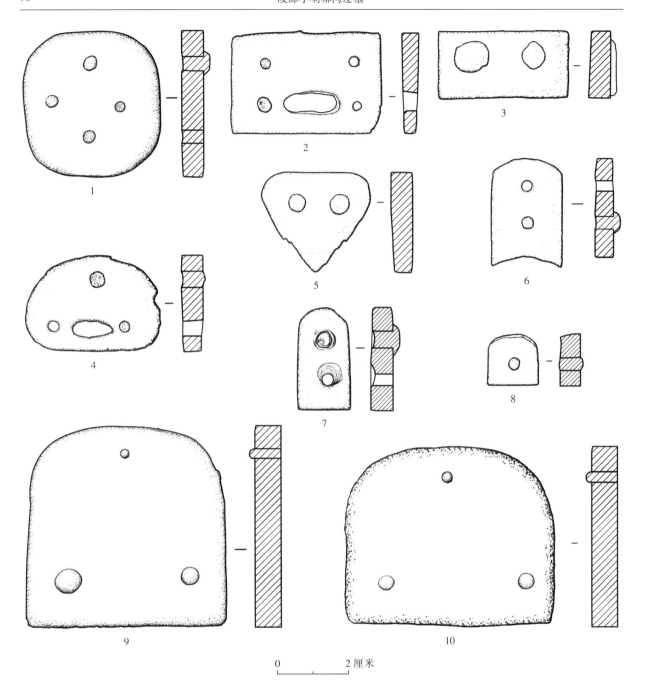

图六三　M5 出土玻璃质腰带具

1. 圆角方形饰(M5：12-1)　2. 长方形带銙(M5：12-2)　3. 长方形饰(M5：12-3)　4. 马蹄形带銙(M5：12-4)　5. 心形饰(M5：12-5)
6. 拱形凹尾饰(M5：12-6)　7. 窄长圭形饰(M5：12-7)　8. 小圭形饰(M5：12-8)　9、10. 腰带具(M5：17-1、17-2)

六号墓

M6 位于墓地中部，M1 北侧，是墓地中唯一的一座砖室墓。此墓早期被盗扰，出土遗物较少。墓道南端与 M1 墓室位置接近，未完全揭露。

一　墓葬形制

M6 为砖筑单室墓，由墓道、墓门、甬道、墓室几部分组成。发掘长度 20.3 米，墓向136 度（图六四）。

地表略隆起，有一个小土包。墓圹平面为圆角长方形，长 7.5、宽 5.3 米。墓圹中建砖筑墓室和甬道。

墓道位于墓圹南壁正中，斜坡状，最南端未揭露，发掘长度（水平长度）13 米。平面近梯形，南窄北宽，宽 1.3~2.64 米。填土中含石块和一层灰烬。墓道中部填土中置一个马头骨，两端各置一副牛小腿骨和一副马小腿骨。墓道底部有砖砌排水道，用三层顺砖砌侧壁，一块顺砖铺底，两层横砖压顶，宽 17、深 12 厘米。

墓门南接墓道，为砖雕仿木建筑的门楼，中间辟门洞，两侧和上部用砖砌成立柱、阑额、普柏枋等。表面抹白灰。通高 3.75、面阔 2.8 米。门洞用青砖封堵，残留 7 层（彩版七二）。

门洞呈圆拱形，宽 1.2、高 1.86、进深 0.5 米。拱券两侧为立颊，拱券之上为门额，门额左、右两侧对称置方形门簪。其上为普柏枋，枋上承斗拱三朵，其中柱头铺作两朵、补间铺作一朵，皆为单抄四铺作，有斜拱。斗拱上为撩风博，其上有圆形檐椽和方形飞椽，椽上列九垄板瓦和八垄筒瓦，瓦当为兽面纹。筒瓦之上为正脊，脊上扣有筒瓦，正脊两端有鸱脊，上方扣有筒瓦（图六五；彩版七三，1）。

甬道为圆拱形，船篷状，进深 1.9、顶高 1.92 米。两侧立壁高 1.4 米，以上内收成券顶。底部铺长条形砖（彩版七四）。

墓室平面为八角形，边长约 1.8 米，北壁稍长，约 2 米。墓室宽 4.4、进深 4.4 米。周壁用条砖砌成，高 1.76 米，以上逐渐内收。木质护板紧贴砖壁。顶部已全部塌落，推测为穹隆顶。墓室转角处砖雕弧形壁柱，略向外突出。地面横向平铺长条形青砖，唯独墓室中轴线上的一条地面砖为纵向铺砌，铺地砖以下未清理，应为排水道（彩版七三，2）。

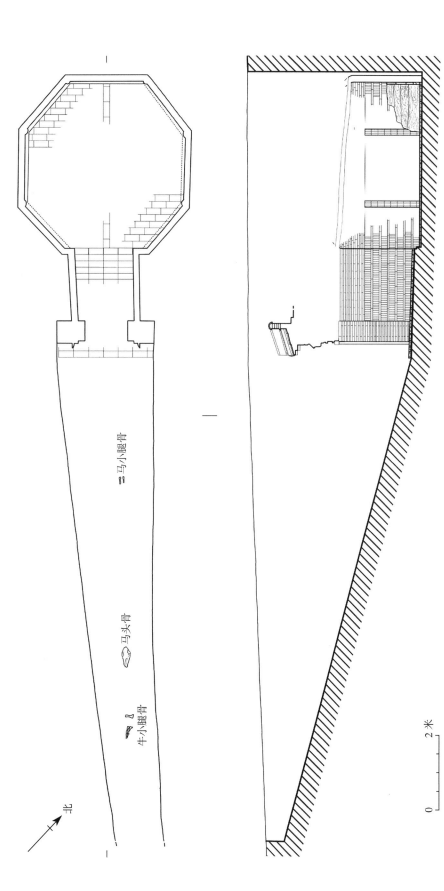

马小腿骨

马头骨

牛小腿骨

北

图六四 M6 平、剖视图

2米

0

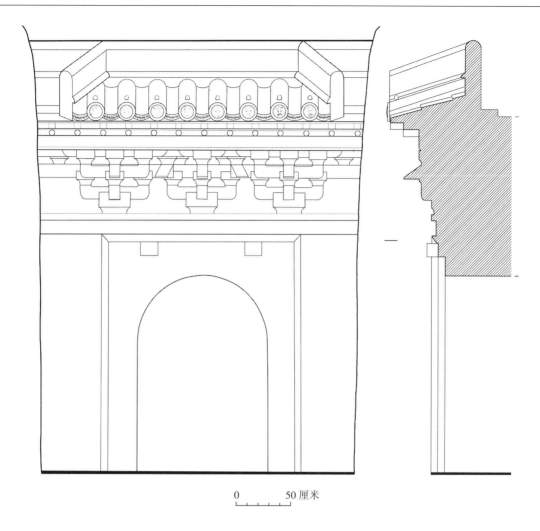

0 　　　　　　 50 厘米

图六五　M6 墓门立、剖面图

二　出土遗物

墓葬被严重盗扰，尸骨散乱，尸骨上可见铜丝网络。残存遗物 28 件，皆见于墓室中，有铜镜、铁斧、铁钩和瓷器等。

（一）瓷器

青白瓷花口温碗　1 件。M6：5，胎质洁白细腻，夹杂少量杂质。胎体外表先刷一层白色化妆土，再施釉，釉色青白，釉层从口到底逐渐增厚，青色也逐渐加深，圈足处釉面有明显裂纹。敛口，尖唇，深弧腹，圈足。口沿等距削出八个"V"形缺口，形成花口。口下侧腹中部向内压印，形成外腹内凹、内腹相应位置凸起的造型。口下以器腹凹线为中心印八方连续火焰纹 8 组，圈足外侧堆塑莲瓣纹。内底可见 4 个均匀分布的支烧痕。口径 17、足径10、高 16.4 厘米（图六六，1；彩版七五，1）。

青白瓷划花碗　1 件。M6：8，胎质洁白细腻，质地坚实。釉色白中泛青，釉面莹润，通体施釉。敞口，尖圆唇，在口上划浅缺口，形成六曲花式口，深斜腹，圈足。内壁划花，口沿下有弦纹一周，其下为中心对称分布的菊瓣纹四组，其中两组花瓣内收，另两组花瓣外

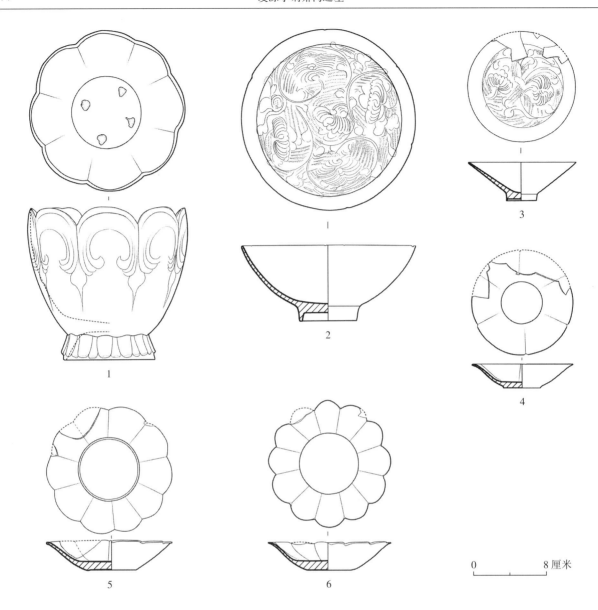

图六六　M6 出土青白瓷碗、花口碟

1. 花口温碗（M6：5）　2. 划花碗（M6：8）　3. 划花斗笠碗（M6：10）　4. 六曲花口碟（M6：22）　5. 十曲花口碟（M6：11）
6. 十二曲花口碟（M6：17）

敞，底中部刻划菊瓣纹一个，主题纹饰之外施篦划纹，部分篦划纹打破主体纹饰，四组菊瓣纹之间间以卷叶纹。口径 19、足径 6.1、高 8 厘米（图六六，2；彩版七五，3）。

青白瓷划花斗笠碗　2 件。大小、形制相同。M6：10，胎质洁白细腻，质地坚实。通体施釉，口部釉层较薄，近底部渐厚，内底及圈足处釉色较深，外底局部露胎，有灼烧痕迹，可能为烧制时垫饼留下的痕迹。敞口，圆唇，斜直壁，饼状圈足。圈足不规整，略呈椭圆形。内壁划花，口沿下弦纹一周，其下对称刻划菊瓣纹两支，间以花叶纹，主体纹饰之间衬以篦划纹。口径 11.7、足径 3.2、高 4 厘米（图六六，3；彩版七五，2）。

青白瓷花口碟　12 件。形制基本相同，可以分为六曲、十曲和十二曲三种。

六曲花口碟　4件。大小相同。M6：22，胎质洁白细腻。釉色青白，略泛黄，施釉均匀。尖圆唇，口外侈，浅斜腹，饼状平底。六曲花瓣口，内壁花瓣间起凸棱，外壁相应位置可见压印痕。腹底相接处微起凸棱。底部刮釉，中心部分可见垫圈支烧痕迹。口径11、底径4、高2.5厘米（图六六，4；彩版七六，1）。

十曲花口碟　4件。大小相同。M6：11，胎质洁白细腻。釉层较薄，釉面均匀，底部无釉，似为刮釉所致。口外侈，浅斜腹，大平底。口沿削出十瓣花式口，内壁花瓣分割处起凸棱，外壁相应部分可见刻划痕。底部有垫圈支烧痕。口径13.7、底径5.4、高3厘米（图六六，5；彩版七六，2）。

十二曲花口碟　4件。大小相同。M6：17，胎质洁白细腻，坚实致密。施釉均匀，底部刮釉。敞口，尖唇，浅斜腹，下腹近底部微折，平底。口部削出十二瓣花式口，内壁起棱线，外壁可见浅刻纹。花瓣口不规整，外底可见黑色垫圈痕。口径13.5、底径4.5、高3厘米（图六六，6；彩版七六，3）。

（二）金器

金丝花球　1件。M6：25，近圆形，空心，由金丝焊接而成，由金丝组成5组相连的闭合"U"形，顶端部分焊接在圆形金丝上，形成半球形，两个半球形焊接组成一个金丝花球。长径1.8、短径1.4厘米（图六七，1；彩版七七，1）。

金坠饰　1件。M6：26，梯形金片打制焊接而成。上端圆形，其下束腰，下侧四角出沿，中空。长2.4、宽0.62厘米（图六七，2；彩版七七，2）。

（三）铜器

镜　2件。素面。M6：1、3，形制、大小基本相同（彩版七八，1、2）。M6：3，尖缘不明显，窄平沿，桥状纽，纽外侧可见明显铁锈痕，应为穿锈蚀后残留痕迹。镜面光亮，镜体薄，略有变形。直径12.8厘米（图六七，9；彩版七八，1）。

带扣　1件。M6：24，双环式。前扣环为椭圆形，后环为长方形，中间连接部分为长条形，中部略窄，扣针缺失。长3.55、宽5厘米（图六七，3；彩版七七，3）。

铜丝网络　仅存少量残片。M6：28，由铜丝连接成菱形孔，横排相邻菱形铜丝之间为双层相连绞丝连接而成（彩版七七，4）。

（四）铁器

斧　1件。M6：4，形状近似现代斧头，侧面为长方形，背部厚实，至刃部渐薄，刃部残损严重。斧身中部有长方形孔，孔内残存一小截铁柄。长11.5、宽3、厚2厘米（图六七，8；彩版七九，1）。

骨朵　1件。M6：7，扁球形，中空，横截面呈椭圆形，上、下两端有穿孔。直径4.4、孔径2.08、高2.7厘米（图六七，7；彩版七九，2）。

钩　2件。M6：2-1，长直柄，柄部截面为长方形，柄首由铁片围成圆銎，钩部弧形上翘，截面呈正圆形，钩尖残断。长10、銎径1.7厘米（图六七，6；彩版七九，3）。M6：2-2，直柄上部残失，钩部上翘。残长4.3厘米（图六七，5）。

闸板　1件。M6：27，残。体近长方形，沿长边方向下半部有规则分布小孔。残长22、

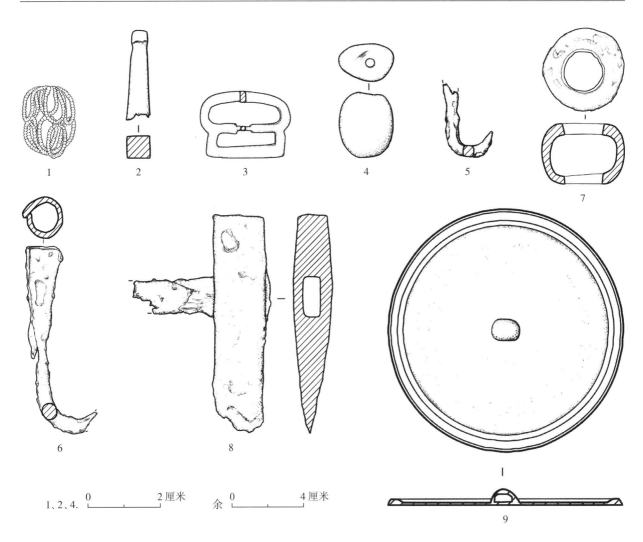

1、2、4. ⊢―――――⊣ 2厘米　　余 ⊢―――――⊣ 4厘米
　　　　　0　　　　　　　　　　　0

图六七　M6 出土器物

1. 金丝花球(M6：25)　2. 金坠饰(M6：26)　3. 铜带扣(M6：24)　4. 琥珀珠(M6：23)　5、6. 铁钩(M6：2-2、2-1)　7. 铁骨朵(M6：7)
8. 铁斧(M6：4)　9. 铜镜(M6：3)

残宽 13 厘米（彩版七九，4）。

（五）玉、石器

琥珀珠　1件。M6：23，纵截面近椭圆形，中部有穿孔。长 1.72、宽 1.48、孔径 0.2 厘米（图六七，4；彩版七七，5）。

七号墓

M7 位于墓地东北部，M8 东北侧。此墓早期被盗，出土遗物较少。

一 墓葬形制

地表呈缓坡状，不见封土。全墓由墓道、墓门和墓室几部分组成，全长约 12.3 米，墓向 148 度（图六八）。

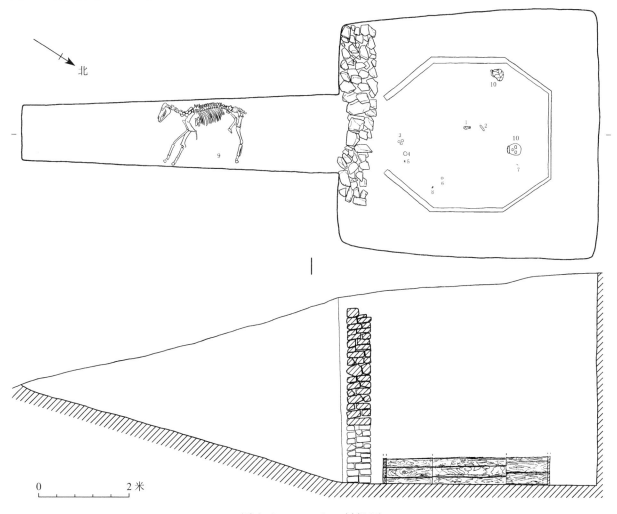

图六八 M7 平、剖视图

1. 黄釉瓷鸡冠壶　2. 铜靴底　3. 玻璃质节约　4. 白瓷盘　5. 铜戒指　6. 铁马镫　7. 铁锹　8. 铁马衔镳　9. 殉马　10. 人头骨

0　　　　　40厘米

图六九　M7墓门立面图

墓圹平面为圆角长方形，长 5.5、宽 5.2、深 3.7~4.4 米。墓圹内用木枋搭建墓室，位置居中。木质墓室与圹壁之间有较大间隙。圹内填土为土石混合，近墓顶置石块，石块之上有一条完整殉狗，仰身放置。

墓道居墓圹南壁正中，从地表通向墓底，斜坡状，全长（水平长度）6.7、宽 1.2~1.6 米。两侧壁较陡直，不施白灰。填土呈黑褐色，夹杂有大量石块。墓道底部中段发现一匹完整殉马，头、颈、身躯、四肢俱全（彩版八〇，1）。殉马倒卧于墓道中，马头朝向墓道，马尾朝向墓室，长度约 2 米。墓道未被扰动。

墓道尽头有一道石墙，用较小石块砌筑而成，从上至下，把墓门封堵严实。平面略成弧形，砌法粗糙。石墙中部距地表约 2.4 米处有一块横置木板，宽 15、厚 10 厘米。石墙通高 3.7、宽约 0.7~0.9 米（图六九；彩版八〇，2）。封门石墙之后即为墓室。

墓室平面呈八角形，用木枋垒砌而成。立壁交角处采用榫卯结构咬合，顶部以木枋叠涩内收，墓顶已塌落至墓底。木质立壁残高 0.5 米。墓室宽 3.2、进深 3.6 米。地面为加工平整的基岩。墓室早期被盗，人骨扰乱严重，发现两个头骨（彩版八一，1）。

二　出土遗物

仅残留少量遗物，包括黄釉瓷鸡冠壶、白瓷盘、铁器、铜戒指、玻璃质节约等。

（一）瓷器

白瓷盘　1 件。M7：4，胎白而细密。表面施白色化妆土，其外施透明釉，釉层较薄，施釉不均，釉层较厚处略呈淡绿色，圈足底部刮釉，留有刮釉刀痕及渣垫痕，圈足内施釉不均。方唇，敞口，浅折腹，上腹斜直，下腹近平，圈足。口部等距刻出六瓣花口，于腹外花口处向内按压，呈现外腹凹线、内腹相应位置则微有凸棱。外底可见残存支垫，内底残留4组渣钉。口径17.4、底径6、高4.4厘米（图七〇，1；彩版八一，3）。

黄釉瓷鸡冠壶 1件。M7：1，粉红色胎，胎质疏松，表面保留拉坯痕迹。胎上施白色化妆土，黄釉施至腹中部。管状流，微侈口，流位于一侧，自流口出贴塑边缘提梁，提梁另一端与壶体相连，提梁上有压印指窝。扁鼓腹近袋状，腹最大径偏下，圈足。流与腹分开制作，管状流与提梁套接在器身上，内壁未经修正，接缝明显。口径3、腹径10.7、底径6.4、高29厘米（图七〇，2；彩版八一，2）。

（二）铜器

靴底 1件。M7：2，鞋底细长，前端较尖，脚掌部分略宽，其后略收，尾端圆弧，边

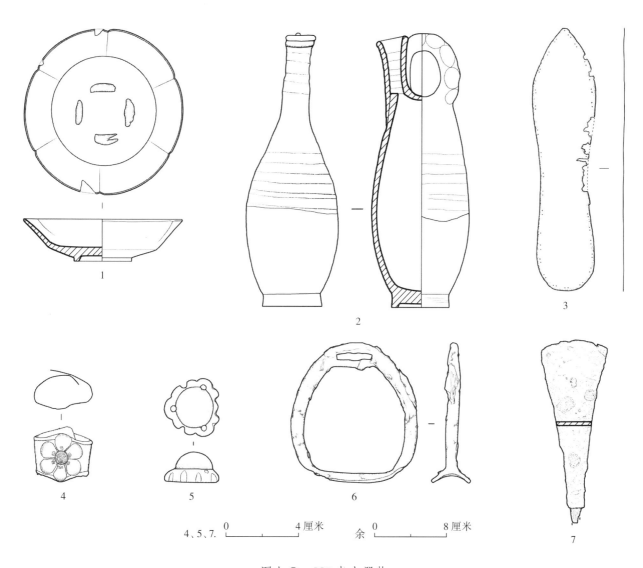

0 _____ 4厘米
4、5、7.

0 _____ 8厘米
余

图七〇 M7 出土器物

1.白瓷盘（M7：4） 2.黄釉瓷鸡冠壶（M7：1） 3.铜靴底（M7：2） 4.铜戒指（M7：5） 5.玻璃质节约（M7：3） 6.铁马镫（M7：6） 7.铁镞（M7：7）

缘一周都有两个一组的较细针孔。长 27.8、宽 7、厚 0.8 厘米（图七〇，3；彩版八二，1）。

戒指　6 枚。大小、形制相同。M7：5，薄铜片打制卷曲而成。正面略呈圆形，其上錾刻六瓣花纹，中心花蕊部分呈圆形，其内錾刻密集圆圈，花瓣近边缘处有短线纹，两端长方形，近中部较宽，外侧较窄，边缘锤印联珠纹，边缘沿纹饰处内折。长 3.3、高 3.2 厘米（图七〇，4；彩版八二，2）。

（三）铁器

马镫　1 只。M7：6，穿梁式，体呈梯形，上窄下宽，梁上有长方形穿孔，镫体粗壮，踏板处扁平略弧。长 14.6、宽 13.8 厘米（图七〇，6；彩版八二，3）。

马衔镳　1 件。M7：8，单孔式两节衔，衔体长圆柱形，两节以圆环相套接。衔体外侧各有一个穿孔，穿孔上套接一个圆活环，现已残损。衔体长 7.5、径 1.2 厘米（彩版八二，4）。

镞　1 件。M7：7，扁平铲状，弧刃，两侧边略内弧，尾部渐收，铤部残。长 9.7、前端最宽 9.7、厚 0.2 厘米（图七〇，7；彩版八二，5）。

（四）玻璃器

节约　4 件。形状、大小基本相近。M7：3，白色，平面近弧边三角形，底座为曲状花边状，中间为半球状凸起，三角顶端各有一个穿孔。表面无纹饰。长 3、厚 1.65 厘米（图七〇，5；彩版八一，4）。

八号墓

M8 位于墓地东北部，在 M7 与 M9 之间。墓葬未被盗扰，出土遗物较丰富。

一 墓葬形制

地表呈缓坡状，不见封土。全墓由墓道、墓门和墓室几部分组成，全长约 9.6 米，墓向 146 度（图七一）。

墓圹平面为圆角梯形，长 4、宽 3.1~4.2、深 4~5 米。墓圹内用木枋搭建墓室，位置居中。木质墓室与圹壁之间有较大间隙。圹内填土为土石混合。

墓道居墓圹南壁正中，从地表通向墓底，阶梯式，全长（水平长度）5.6、宽 1.1 米。共有 10 级阶梯，上半部阶梯窄而陡，近墓门处的 3 个阶梯宽而平缓。两侧壁较陡直，不施白灰。填土中夹杂大量绿色碎石，较坚硬。未发现马、牛等动物骨骼。墓道尽头有一道石墙，高 4.2、宽约 0.4 米，用较小石块砌筑而成，砌法粗糙，从上至下，把墓门封堵严实（图七二；彩版八三，1）。封门石墙之后即为墓室。

墓室平面呈八角形，用木枋垒砌而成。立壁交角处采用榫卯结构咬合，顶部以木枋叠涩内收。墓顶之上压有 10 多块大石头，都随木质墓顶塌落至墓底。木质立壁残高 1 米，墓室宽 3.1、进深 3.4 米。地面铺长方形条砖，砖长 34、宽 14.5 厘米，砖上抹一层薄白灰面（彩版八三，2）。

墓室内并列横置两具木棺。女性墓主居内侧，木棺较大，长 2.1、宽 1.2 米。仰身直肢葬，头东足西。手、足都裹丝织品，外包银片。颈部有一条项链，右腋下夹有一白瓷碗，腰部有一条白色玻璃质腰带具。男性墓主居外侧，木棺略小，长 1.9、宽 0.9 米。仰身直肢葬，头东足西。前胸压一只铁马镫，右手握一把铁镢，左手握一个铁马衔镳。棺外东侧放置瓷器和铁质工具，南侧置马具。

二 出土遗物

此墓出土遗物丰富，包括日用器、带具、装饰品等，装饰品多置于墓主身上或棺内，日用器如辽三彩盘等则多置于棺外。

（一）陶、瓷器

黄釉瓷盆 1 件。M8：1，淡红色胎。施白色化妆土，腹下部及底部不见，外壁黄釉施

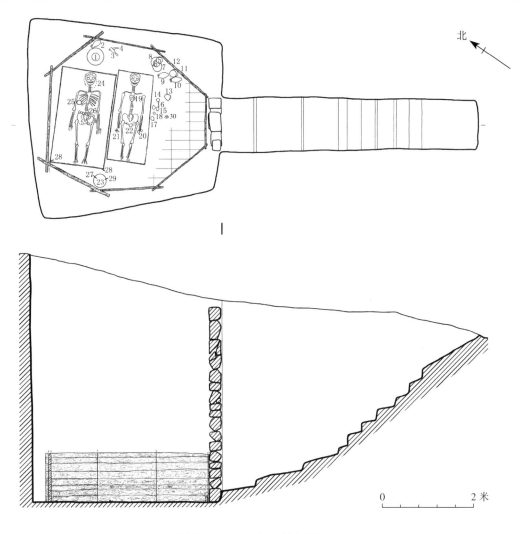

图七一　M8 平、剖视图

1. 黄釉瓷盆　2、9、10. 绿釉瓷鸡冠壶　3. 铁剪　4. 铁刀　5~7、11、12. 辽三彩圆盘　8. 黄釉瓷碗　13、19. 铁马镫　14~18、22. 铁马铃
20. 铁马衔镳　21. 铁镞　23. 铁香炉　24. 项链　25. 白瓷碗　26. 玻璃质腰带具　27. 铁带扣　28. 铁钉　29. 骨弓弭　30. 玻璃质腰带具

至腹下部，下腹及圈足无釉。内壁为满釉，内底可见刷釉痕迹，存支钉 3 个。敞口，圆唇，宽折沿，浅弧腹，圈足。内壁饰两组中心对称的刻划折枝牡丹纹。口径 33.5、底径 13、高 8.5 厘米（图七三，1；彩版八四，1）。

绿釉瓷鸡冠壶　3 件。皆为提梁式，造型相似，略有差异。

M8：2，黄褐色胎，较疏松。上施白色化妆土，绿釉，圈足部分不施釉，绿釉上局部返铅呈银色。直口，圆唇，直颈，扁垂腹，最大腹径偏下，圈足。圆颈一侧为扁圆形提梁，提梁上压印指窝，形成不规则突起，提梁中部上端残缺。口、腹、提梁分别制作，口腹相接处不规则，内壁可见明显台面，外壁叠塑片状泥条。口径 2.4、腹径 13.4、底径 7.2、高 26.5 厘米（图七三，3；彩版八四，2）。

M8：9，浅褐色胎，较疏松。白色化妆土施至腹下部，绿釉施至腹中部，绿釉上局部返铅呈银色。直口，圆唇，直颈，扁圆腹，最大腹径偏下，圈足。器较瘦高，颈侧为扁圆形提梁，提梁上压印指窝，形成不规则突起。口、腹、提梁分别制作，口腹相接处可见裂纹，内壁修整较好，不见台面。口径 3、腹径 11、底径 7、高 34.8 厘米（图七三，2；彩版八四，3）。

M8：10，红褐色胎，较致密。白色化妆土施至腹下部，其上施釉至腹中部，釉上局部返铅呈银色。直口，圆唇，长颈，扁圆腹，最大腹径偏下，圈足。器较瘦高，颈侧有扁圆形提梁，提梁上压印指窝。口、腹、提梁分别制作，内壁口腹相接处可见明显台面。口径 2.8、腹径 12、底径 7、高 30.2 厘米（图七三，4；彩版八四，4）。

辽三彩圆盘　5 件。器形相似，大小及纹饰略有不同。

M8：7，淡红色胎，胎质疏松。胎上施白色化妆土，内壁施透明釉，阳纹印花，在印花纹处以红、绿釉交替点釉，口部及外腹部施黄釉，下腹及底部刷黄釉较薄。敞口，圆唇，浅斜腹，圈足。内壁饰繁密的印花纹饰，从上至下分为三层：第一层在口沿下，为四朵相同的折枝牡丹纹，一花两叶构成，彼此之间以双线短柱界格，其下有一道弦纹；第二层居中，也为四朵折枝牡丹纹，一花两叶，花、叶均略短小；第三层居碗底，为轮菊纹。轮制，外底轮旋痕未经修整。口径 22、底径 7、高 5.2 厘米（图七四，1；彩版八五，1）。

另两件大小相同，与此件纹饰相同，略小。M8：5 和 M8：6，口径 16.8、底径 5.3、高 4.4 厘米。

M8：11，淡红色胎。施白色化妆土，口沿及外壁施黄釉，内壁釉层较薄，印花部分点釉，中心花瓣处施黄釉，两侧叶纹部分为绿釉。内底中心点黄釉，外围施一周绿釉。外壁施半釉，圈足部分粘釉。内底可见支钉痕 3 组。敞口，圆唇，浅斜腹，圈足。印花纹饰施于内壁，从上至下分为三层：第一层在口沿下，有弦纹一

0　　　　40 厘米

图七二　M8 墓门立面图

图七三　M8 出土瓷盆、鸡冠壶

1.黄釉瓷盆（M8：1）　2~4.绿釉瓷鸡冠壶（M8：9、2、10）

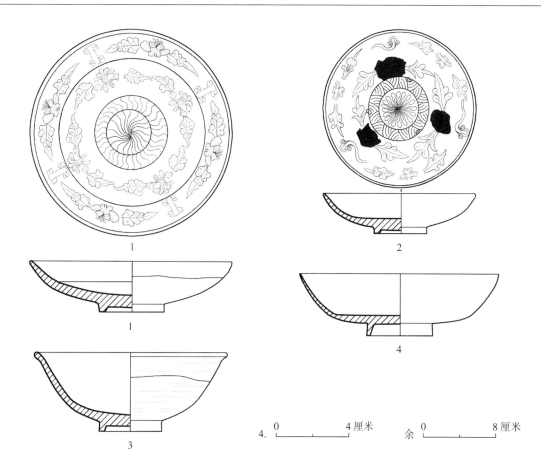

图七四　M8 出土辽三彩圆盘和瓷碗

1、2.辽三彩圆盘（M8：7、11）　3.黄釉瓷碗（M8：8）　4.白瓷碗（M8：25）

周，其下为三朵折枝牡丹纹，由一花两叶构成，折枝牡丹纹之间用一朵如意形云纹界格；第二层为三朵较大的折枝牡丹纹，无界格；第三层居碗底，中心为轮菊纹，边缘有一周水波纹，均以弦纹为界。口径 16.8、底径 5.7、高 4.3 厘米（图七四，2；彩版八五，2）。M8：12，器形、纹饰与 M8：11 相似，釉色偏暗，釉层薄，可能在釉中掺有金粉。口径 17.1、底径 5.3、高 4厘米（彩版八五，3）。

黄釉瓷碗　1 件。M8：8，淡红色胎。胎上施化妆土，外壁仅施至腹中部，其上施黄釉，下腹及底部不施釉，局部可见刮釉痕迹。侈口，圆唇，深弧腹，圈足。底及下腹部可见刮削修整痕迹，内底残存 3 个支钉痕。口径 21、底径 6.6、高 8.5 厘米（图七四，3；彩版八五，4）。

白瓷碗　1 件。M8：25，胎质灰白细腻。仅圈足处不施釉，流釉至圈足外侧，腹下可见少量粘着物。敞口，尖圆唇，浅弧腹，下腹近平，圈足。口径 11、底径 3.7、高 3.1 厘米（图七四，4；彩版八五，5）。

（二）铁器

出土铁器丰富，分为兵器（包括马具）、生产工具和日用器具几类。

马镫　2 件为 1 副。分别出于墓主胸部及棺外侧。M8：13，穿梁式，体呈梯形，上窄下宽，梁较平，梁上有长方形穿孔，镫轮粗壮，踏板处扁平略向下弧曲。高15、宽13.8、踏板宽4.4厘米（图七五，1；彩版八六，1）。

　　马衔镳　1件。M8：20，单孔式双节衔，衔体为长圆柱形，两节以圆环相套接。衔体外侧各有一个穿孔，穿孔上套接一个大圆活环，现已残损。衔体长7、环外径8.5、内径6厘米（图七五，2；彩版八六，2）。

　　马铃　6件。分大、小两种。较大者5件，长椭圆形铃身，中有凸棱，上端为铁丝弯成的圆形挂环，底部有长条形开口，开口两端略宽，呈"Y"形。表面锈蚀，无纹饰。内有小

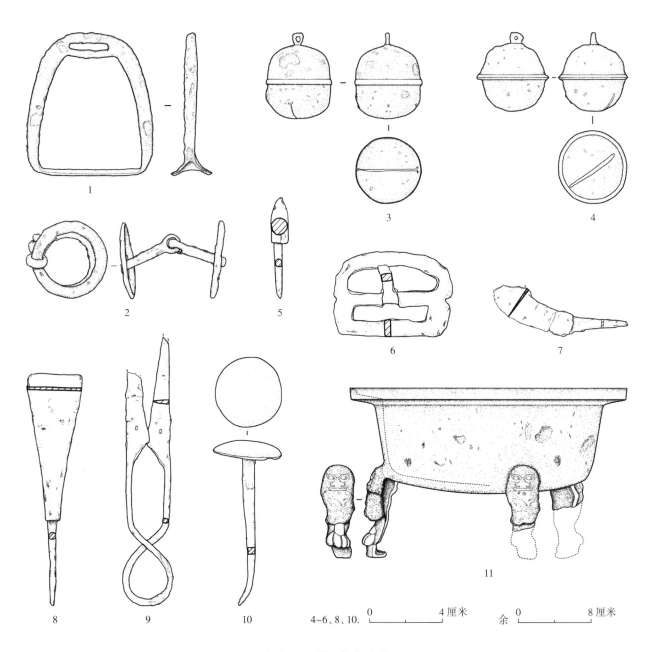

图七五　M8出土铁器

1. 马镫（M8：13）　2. 马衔镳（M8：20）　3、4. 马铃（M8：14、18）　5、8. 镞（M8：21-2、21-1）　6. 带扣（M8：27-1）　7. 刀（M8：4）
9. 剪（M8：3）　10. 钉（M8：28-1）　11. 香炉（M8：23）

铁球作为铃舌，可活动。M8：14，高9.2、直径7.4厘米（图七五，3；彩版八六，4）。较小者1件，M8：18，整体呈长圆形，长径中部有凸棱一周，顶端有圆形挂环，铃舌已失。高4.2、最大径4厘米（图七五，4；彩版八六，3）。

镞 共12枚。形制分为两种，铲形9枚，矛形3枚。M8：21-1，铲形镞。镞身扁平状，镞锋扁平，直刃，后端渐厚而细，铤细长，圆柱形，尾端残。长12.4厘米（图七五，8；彩版八七，1）。M8：21-2，矛形镞。镞身为圆柱状或扁圆柱状，有的起中脊。镞锋为矛形，均有中脊。镞锋与镞身相接处明显内收。铤与镞身一体，根部粗，下端尖细，呈锥状。长5.4厘米（图七五，5；彩版八七，2）。

带扣 2件。造型相同，大小相近，皆为双扣环式带扣。前环近椭圆形，后环为扁长方形，前环大，后环小，两者共用的横梁上有一短扣针。M8：27-1，长4.5、宽6.5厘米（图七五，6；彩版八七，3左）。M8：27-2，扣针已残断（彩版八七，3右）。

刀 1件。M8：4，刀尖上翘，刃部向刀背弧曲，刀身较宽，截面为楔形，向后侧渐细。刀头尖锐，柄铁质，与身成一体，柄扁平，平面也近三角形，应外套木柄。残长15厘米（图七五，7；彩版八七，4）。

剪 1件。M8：3，柄、身一次性铸成，柄部截面圆形，交股呈"8"字形，铰部扁平，后侧自柄部向外延展呈三角形，直刃，直背，刃背相交处内折。铰部下端两侧各有一个不规则形小孔。长28、刃宽2.6厘米（图七五，9；彩版八八，1）。

香炉 1件。M8：23，直口，折沿，深直腹，圜底，下具三足，足外表铸成兽面状。口径30、高18厘米。出土时炉内盛满香灰（图七五，11；彩版八八，2）。

钉 2件。形制、大小相近。M8：28-1，钉帽为圆弧形，钉身为方锥体，下端尖，尖端处略有弯折。长8.8厘米（图七五，10；彩版八七，5）。

（三）玻璃器

腰带具 132件。可能为多套，出土于墓室前部。均为玻璃质，表面受侵蚀后呈白色，部分器物上残存彩绘痕迹，铆钉为铁质。根据用途和形状的差别可以分为11种，有铊尾、带銙、牌饰等（彩版八九，1）。M8：30-1，大窄铊尾，1件。两边平直，一端平，另一端圆弧，有3枚铆钉均匀分布。长5.4、宽2.9、厚0.7厘米（图七六，1；彩版八九，2上）。M8：30-2，长方形带銙，8件。下部有长条形"古眼"，4枚铆钉分别位于四角近边缘处。长4、宽3、厚0.7厘米（图七六，2；彩版八九，3）。M8：30-3，圆角方形牌饰，10件。有4枚铆钉，在四角对称分布。边长3.6、厚0.7厘米（图七六，3；彩版九〇，1）。M8：30-4，马蹄形带銙，3件。下部有长条形"古眼"，3枚铆钉均匀分布。长3.5、宽2.8、厚0.7厘米（图七六，5；彩版九〇，2）。M8：30-5，大宽铊尾，1件。有3枚铆钉均匀分布。长4.1、宽2.8、厚0.7厘米（图七六，6；彩版八九，2下）。M8：30-6，铃形牌饰，7件。上端平略弧曲，左右侧边平直，2枚铆钉位于上端两侧。长5.7、最宽2.8、厚0.7厘米（图七六，4；彩版九〇，3）。M8：30-7，圆角三角形横栓，1件。顶端有长条形镂孔，锐角部分各有1个钻孔。长5.9、宽2.1、厚0.8厘米（图七六，9；彩版九〇，4）。M8：30-8，长方形牌饰，55件。有2枚铆钉。长3.1、宽1.6、厚0.7厘米（图七六，10；彩版九〇，5）。M8：30-9，小宽铊尾，3件。

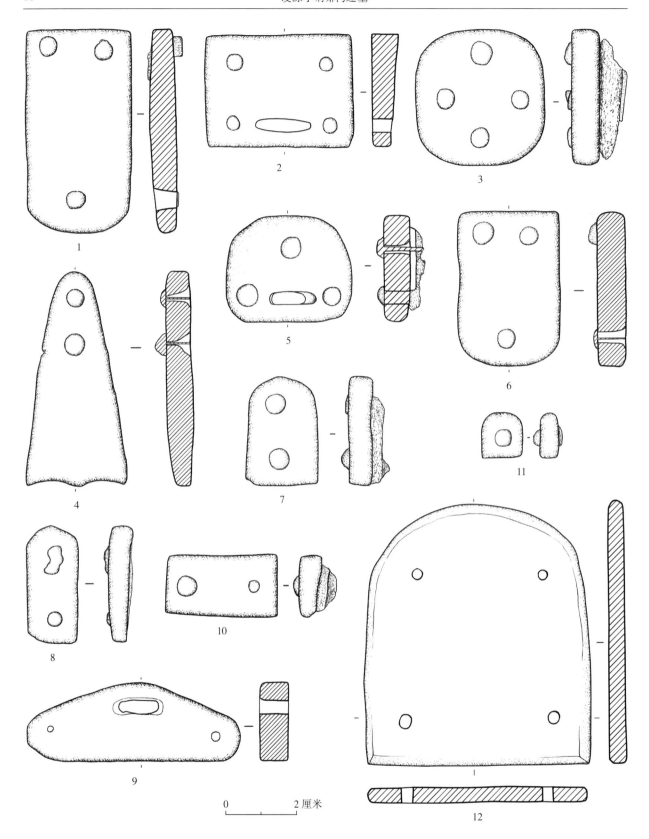

图七六　M8 出土玻璃质腰带具

1. 大窄铊尾（M8：30-1）　2. 长方形带銙（M8：30-2）　3. 圆角方形牌饰（M8：30-3）　4. 铃形牌饰（M8：30-6）　5. 马蹄形带銙
（M8：30-4）　6. 大宽铊尾（M8：30-5）　7. 小宽铊尾（M8：30-9）　8. 小窄铊尾（M8：30-10）　9. 圆角三角形横栓（M8：30-7）
10. 长方形牌饰（M8：30-8）　11. 小短铊尾（M8：30-11）　12. 腰带具（M8：26）

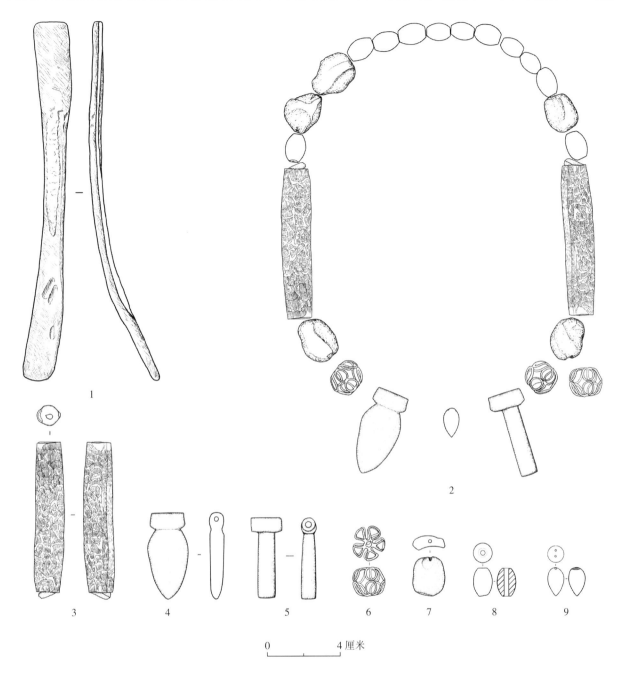

图七七　M8 出土骨器、项链

1. 骨弓弰(M8：29)　　2. 项链组合(M8：24)　　3. 錾花银管(M8：24-6)　　4. 玻璃质心形吊坠(M8：24-1)　　5. 玻璃质"T"形坠(M8：24-7)
6. 铜丝花球(M8：24-4)　　7. 琥珀饰件(M8：24-5)　　8. 水晶珠(M8：24-2)　　9. 水滴形玉吊坠(M8：24-3)

有 2 枚铆钉。长 2.9、宽 2、厚 0.6 厘米（图七六，7；彩版九〇，6）。M8：30-10，小窄铊尾，30 件。有 2 枚铆钉。长 3.1、宽 1.4、厚 0.6 厘米（图七六，8）。M8：30-11，小短铊尾，13 件。有 1 枚铆钉。长 1.2、宽 1.1、厚 0.5 厘米（图七六，11）。

　　腰带具　1 组 8 件。均为圆拱形，扁平状，大小略有区别。8 件并排出土于北侧女墓主腰部，平端向下，弧端向上。总长 49、高 6~7 厘米。出土时多数严重破碎，仅 1 件保存较完整。

M8：26，白色玻璃质，圆拱形，扁平状，一端平直，另一端圆弧，两侧边近直，四角近边缘处有4个钉孔。高7、宽6.2厘米（图七六，12；彩版九〇，7）。

（四）其他

骨弓弰　1件。M8：29，整体呈长条状，略有弧度，两侧较粗，中间细，内侧平，外侧圆弧，横截面近半圆形。长19、最宽2、厚0.6厘米（图七七，1；彩版八八，3）。

项链　1套约23单件。出土于女性墓主头颈位置。M8：24，由水晶珠、琥珀饰件、玻璃质吊坠、玉吊坠、银管、铜丝花球等构成（图七七，2；彩版九一）。

M8：24-1，玻璃质心形吊坠，2件。整体呈扁平状，上部为横置的扁圆柱形，中间透孔，下部为心形。长4.6、宽2.2、厚0.7、孔径0.2厘米（图七七，4；彩版九二，1）。M8：24-2，水晶珠，11件。棱形，两端截尖，沿长径方向对穿孔。长1.5、直径1、孔径0.25厘米（图七七，8；彩版九二，2）。M8：24-3，水滴形玉吊坠，1件。圆弧端两侧钻透孔。长1.5、最大径0.9、孔径0.1厘米（图七七，9；彩版九二，2）。M8：24-4，铜丝花球，2件。基本相同，由铜丝焊接而成。分上、下两个半球，每个半球均由5组"U"形闭合铜丝构成。直径1.8、高1.5厘米（图七七，6；彩版九二，3）。M8：24-5，琥珀饰件，5件。不规则形，沿长径方向对钻孔。长2.1、宽1.8、厚0.6厘米（图七七，7；彩版九二，4）。M8：24-6，錾花银管，2件。大小相近。用银片卷成圆柱形，中空，表面錾刻细密的花叶状纹饰，两端由圆形银片封堵，中央有钻孔。长8、直径1.6厘米（图七七，3；彩版九二，5）。M8：24-7，玻璃质"T"形坠，1件。上部为短圆管，下部为实心扁圆柱。长4.3、宽1.7厘米（图七七，5；彩版九二，6）。

九号墓

M9 位于墓地东北部，在 M8 与 M10 之间。此墓虽早期被盗，但出土遗物仍较丰富。

一 墓葬形制

现地表呈缓坡状，不见封土。全墓由墓道、墓门和墓室几部分组成，全长约 11.5 米，墓向 122 度（图七八）。

墓圹平面为长方形，长 5.3、宽 4.6、深 4.1~5.5 米。墓圹内用木枋搭建墓室。木质墓室与圹壁之间有间隙，圹内填土为黄褐土夹大量绿色碎石。

墓道居墓圹南壁正中，阶梯式，从地表通向墓底，全长（水平长度）5.7、宽 1.2~1.3 米。共 8 级台阶，上半部窄而陡，下半部较平缓。两侧壁较陡直，表面加工平整，不施白灰。墓道前半部出土一个马头骨，后半部摆放牛小腿骨和马小腿骨各一副。填土中夹杂大量绿色碎石，质地较松软。

墓门即为木质墓室之门，因木枋朽烂塌落，形制不明。门洞前有石块砌筑的额墙，较规整，所用石块较大（图七九；彩版九三，1）。

墓室平面呈八角形，用木枋垒砌而成（彩版九三，2）。立壁交角处采用榫卯结构咬合，顶部以木枋叠涩内收。顶部正中用一块木板封盖，木板由四根木枋钉成，两横两纵呈井字形（图八〇，1）。木板虽然塌落到墓底，但形状保存较完好。墓顶上覆盖一层石块，中间较大，周围略小（图八〇，2）。墓顶无盗洞痕迹。墓底用方砖铺地。木质立壁残高 1.3 米。墓室宽 4.1、进深 4.2 米。墓室最里端发现一个头骨和部分肢骨等，属同一个体。此墓早年被盗，出土遗物以瓷器为主。

二 出土遗物

（一）陶、瓷器

黄釉粗瓷盆 1 件。M9：4，粉色粗瓷胎。内外施黄釉，外部釉不到底。敞口，宽平沿，折腹，腹下部呈弧线内收，圈足。盆内底有三个绿豆大支钉。素面。口径 30.2、足径 10.4、高 8.3 厘米（图八一，1；彩版九四，1）。

白瓷盘 4 件。M9：5~8，形制、大小相同（彩版九四，2~5）。M9：6，胎质细腻，灰白釉。口作六曲花瓣式，沿外展，浅腹，圈足。素面。口径 15.9、足径 4.8、高 4.4 厘米（图八一，2；

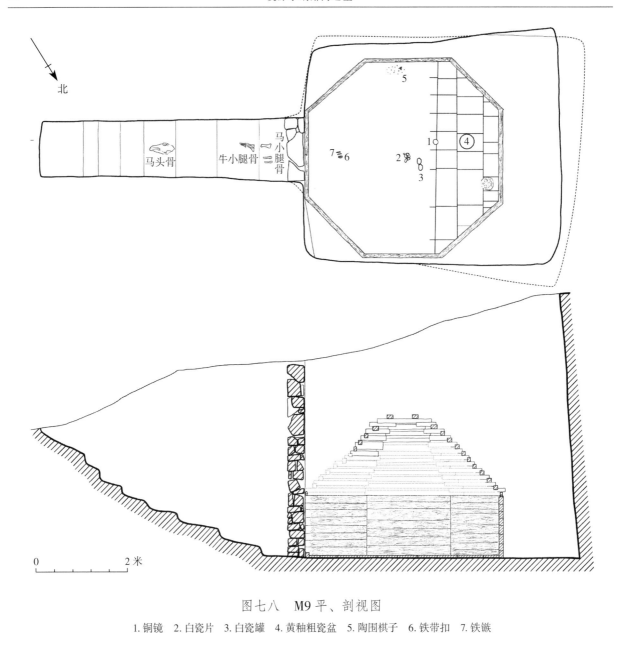

图七八　M9 平、剖视图

1.铜镜　2.白瓷片　3.白瓷罐　4.黄釉粗瓷盆　5.陶围棋子　6.铁带扣　7.铁镞

彩版九四，3）。

白瓷碗　4件。M9：9~12，形制基本相同，一大三小（彩版九五，1~4）。M9：12，胎质细腻，白釉。敞口，浅弧腹，小圈足。素面。口径 13.2、足径 4、高 4.8 厘米（图八一，3；彩版九五，4）。M9：11，近斜弧腹，形体较小。口径 11.6、足径 4、高 4 厘米（图八一，4；彩版九五，3）。

白瓷罐　2件。形制、大小相同。M9：3，灰白胎，胎质粗糙。白釉，下腹部及圈足无釉。直口，溜肩，垂腹，腹部扁平，圈足。素面。口径 3.3、腹径 7.1、足径 3.5、高 4.6 厘米（图八一，5；彩版九五，5）。

青白瓷碟　1件。M9：13，胎细腻洁白。白釉闪青，釉色光亮。沿下卷，浅腹，内底平，圈足细高。素面。口径 9.7、足径 3.8、高 2.6 厘米（图八一，6；彩版九五，6）。

0   40厘米

图七九 M9 墓门立面图

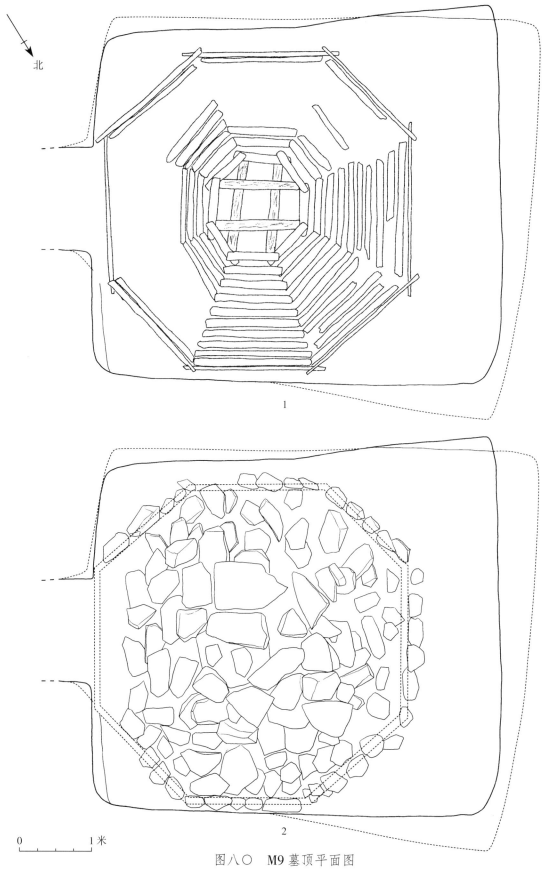

北

0   1米

图八〇　M9墓顶平面图

1. 木构墓顶　2. 木构墓顶上覆盖石块

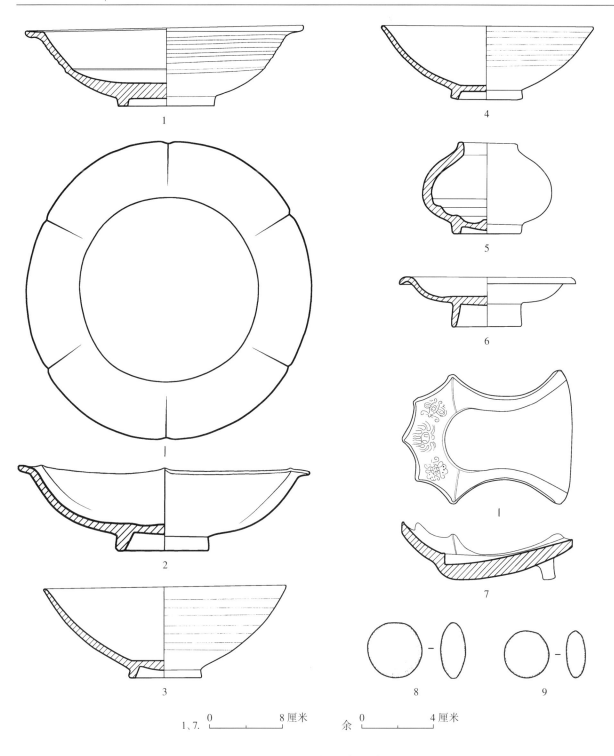

图八一　M9 出土陶、瓷器

1. 黄釉粗瓷盆(M9：4)　2. 白瓷盘(M9：6)　3、4. 白瓷碗(M9：12、11)　5. 白瓷罐(M9：3)　6. 青白瓷碟(M9：13)
7. 陶砚(M9：14)　8、9. 陶围棋子(M9：16-1、16-2)

　　陶砚　1件。M9：14，风字形砚，形体如簸箕。砚面后端内凹，形成砚池，中心抬起构成斜坡形砚面。前端下设双足。砚池四周作斜坡状，后端作连弧五角形，上面压印对蝶纹，中间为火焰宝珠纹。长 18.8、最高 6 厘米（图八一，7；彩版九六，1）。

陶围棋子　1副。M9：16，圆形，两面微鼓，大小相近。共255枚，其中黑棋子119枚，白棋子136枚。直径1.3~1.5、厚0.6~0.7厘米（图八一，8、9；彩版九六，2、3）。

（二）银器

牌饰　4件。分大、小两种，表面饰同类纹饰（彩版九七，1）。M9：21-1，近长方形，残破一端呈弧形，四边折缘。正面饰一组三朵折枝花叶纹。残长5.5、宽2.4厘米（图八二，1）。M9：21-2，残长5.7、宽2.4厘米（图八二，2）。M9：21-3，近正方形，一端为弧边，正面饰一朵折枝花。长1.6、宽1.4厘米（图八二，3）。

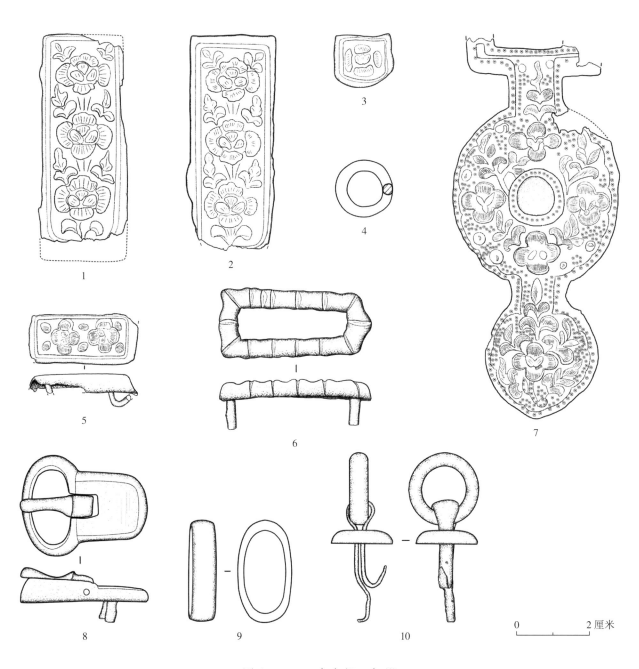

图八二　M9出土银、铜器

1~3.银牌饰（M9：21-1、21-2、21-3）　4.银环（M9：22）　5、7.铜鎏金马带具（M9：23-1、23-2）　6.透空铜带饰（M9：24-3）
8.铜带扣（M9：24-1）　9.铜带箍（M9：24-2）　10.铜拉环（M9：25）

　　环　1件。M9：22，形体极小，为一根银丝焊接而成，截面为圆形。表面光滑。外径1.6厘米（图八二，4；彩版九七，2）。

　　另有几枚由薄银片制成的戒指，均已破碎，无法复原。

　　（三）铜器

　　镜　1件。M9：1，圆形。镜面光滑，背面中心有一桥形纽，纽外有联珠纹一周，联珠纹外有乐舞云雁图。上部饰两朵如意云纹，画面人物有的手中似执乐器，有的作舞动之姿，中下部有八只大雁伸颈展翅飞翔，生动活泼。边缘处亦有一周联珠纹。镜缘起棱。直径13.7、沿宽0.8、纽高0.6、边缘最厚0.5厘米（图八三，1；彩版九八，1）。

　　铜鎏金马带具　1套。存有带扣、葫芦形带头和牌饰，皆残损严重。M9：23-1，牌饰，2件。长方形，表面錾刻花瓣纹。背面有3枚铆钉。残长1.4、宽3厘米（图八二，5；彩版九八，2）。M9：23-2，葫芦形带头，1件。上端为长方形穿柄，已残，下端呈倒置葫芦形。表面錾刻缠枝花草纹。残长10.04、宽4.6厘米（图八二，7；彩版九八，3）。

　　马带具　1套。残存7件，有带扣、带箍和带饰。M9：24-1，带扣，3件。形制相同，单扣环呈椭圆形，护板为圭形。护板背面有2枚铆钉。素面。长3.5、宽2.7厘米（图八二，8；彩版九八，4）。M9：24-2，带箍，1件。椭圆形环。长径2.7、短径1.5、厚0.2厘米（图八二，9；彩版九八，4）。M9：24-3，透空带饰，3件。圭形环状，正面凸起，錾刻竹节纹，

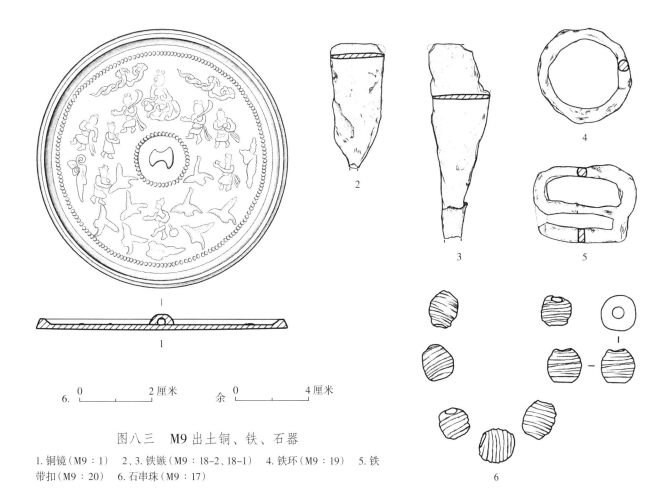

图八三　M9 出土铜、铁、石器

1. 铜镜（M9：1）　2、3. 铁镞（M9：18-2、18-1）　4. 铁环（M9：19）　5. 铁带扣（M9：20）　6. 石串珠（M9：17）

内部透空。背面内凹，有 2 枚铆钉。长 4.2、最宽 1.9、高 1.3 厘米（图八二，6；彩版九八，5）。

拉环　2 件。形制、大小相同。M9：25，由圆环、铆钉和垫片三部分构成，圆环套在铆钉上方的孔内，铆钉从圆形垫片中间的小圆孔中穿出。长 4.5、圆环外径 1.9 厘米（图八二，10；彩版九二，6）。

（四）铁器

镞　12 枚。形制有两种。M9：18-1，扇形镞。体扁平，弧刃，刃部最宽，往下渐窄。残长 10.2、刃宽 3.2 厘米（图八三，3；彩版九七，3 上）。M9：18-2，扁铲形镞。平面为倒圭形，体扁平，直刃，直边，下端内收。残长 6.7 厘米（图八三，2；彩版九七，3 下）。

环　1 件。M9：19，圆形。外径 5.2 厘米（图八三，4；彩版九七，4）。

带扣　1 件。M9：20，双扣环式，前环大，后环略小。长 4.2、宽 5.7 厘米（图八三，5；彩版九七，5）。

（五）石器

串珠　7 枚。形制相同。M9：17，近球形，外表呈螺丝状，中间有穿孔，白色，质疏。长约 1、腹径 0.9 厘米（图八三，6；彩版九六，4）。

十号墓

M10位于墓地中部略偏东北，在M1与M9之间。此墓规模较小，早期被盗，出土遗物较少。

一 墓葬形制

现地表呈缓坡状，不见封土。全墓由墓道、墓门、甬道和墓室几部分组成，全长约12.5米，墓向150度（图八四）。

墓圹平面近圆角方形，长5、宽4.5、深3.3~4米。口小底大，呈袋状。墓圹内用木枋垒砌墓室。墓室与圹壁之间有间隙，填土为土石混合。墓圹北壁有盗洞痕迹。

墓道居墓圹南壁正中，斜坡式，从地表通向墓底，近墓门为平底。长（水平长度）7.5、宽1.1米。两侧壁较陡直，表面加工平整，不施白灰。

墓门为砖石混筑，两侧砌青砖，顶上横担一块大条石。门洞之上有石块垒砌整齐的额墙。门洞用青砖封堵，封门青砖外侧立有3根木柱，斜倚在石额墙上。

甬道两侧立壁用青砖砌筑，顶部塌落，立壁残高0.9米。甬道平面为长方形，宽1.06、进深1.04米。

墓室平面呈八角形，木枋垒砌而成，木枋厚约8、高约12厘米。墓室宽3.6、进深3.7米。立壁残高1.1米。墓顶上压一层方砖，多为残砖，砖上再压一些石块。木质墓顶塌落至墓底，平铺于地上，形状保存较完好。以长短不等的木枋叠涩内收，相交处以榫卯咬合，墓顶正中用一块木板封盖，木板由8根平行的木枋拼合而成。墓底铺方砖，仅北壁下残留数排（彩版九九，1）。墓室内被盗扰，发现2个破碎头骨。

二 出土遗物

（一）陶、瓷器

黄釉粗瓷长颈瓶 1件。M10：1，粉色粗瓷胎。内外施黄釉，下腹部及圈足无釉。喇叭形口，长束颈，溜肩，长腹，最大腹径居上，下部斜收，内挖圈足。颈部、肩部各有两道弦纹。口沿和底部残缺，似为毁器。口径8.8、底径6.5、高32厘米（图八五，1；彩版九九，2）。

陶围棋子 仅存2枚。M10：14，黑灰色，形状扁圆，不甚规则，两枚大小、厚度略有差异（彩版九九，3）。

另外，有青白瓷碗底1个，圈足较高。还有少量青瓷片，剔花白瓷片1小块。

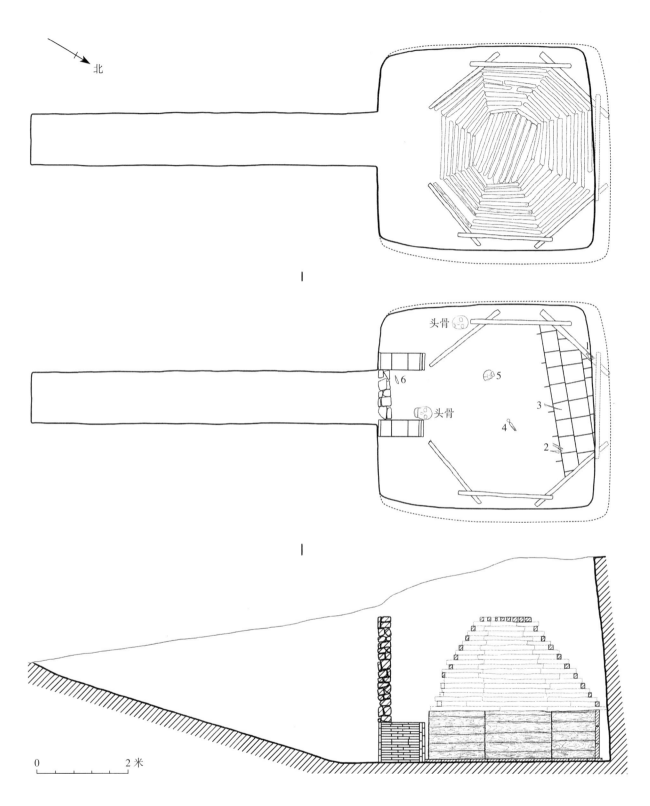

图八四　M10 平、剖视图

1. 黄釉粗瓷长颈瓶　2. 铁镞　3、6. 铁刀　4. 铁剪　5. 铁合页（其他遗物出土位置不明）

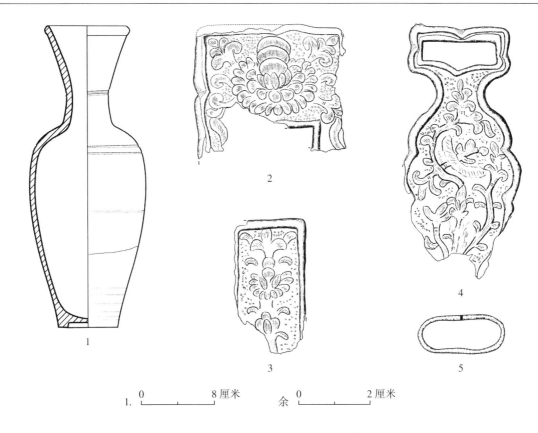

图八五　M10 出土瓷瓶和铜鎏金腰带具

1. 黄釉粗瓷长颈瓶（M10：1）　2. 铜鎏金方形牌饰（M10：11-1）　3. 铜鎏金长方形牌饰（M10：11-2）　4. 铜鎏金葫芦形带头（M10：11-3）
5. 铜鎏金带箍（M10：11-4）

（二）铁器

刀　3 件。形制各不相同。M10：3，刀身短小，刀背微凹，刀锋上翘，锋部残，弧刃，刀身与刀柄有明显分界。细长柄，柄截面为方形，柄端方折，柄首尖圆。长 22.6、刃宽 1.8 厘米（图八六，1；彩版一〇〇，1）。M10：6，刀背微凹，刃呈圆弧状，刀首微上翘，刀柄残，柄扁、窄。残长 13、刃宽 2.4 厘米（图八六，2；彩版一〇〇，2）。M10：13，刀身与刀柄一体铸成，刀身大部分残，刀柄前宽后窄，后端弯曲，尾部有一小圆环。残长 14 厘米（图八六，3；彩版一〇〇，3）。

环　1 件。M10：9，圆形。外径 4.8 厘米（图八六，4；彩版一〇〇，5）。

合页　1 件。M10：5，由铁轴将两片半圆形页片连接起来，页片边缘为花瓣形边。页片边缘和中部皆有排列整齐的铁铆钉。长约 10.7、页宽 5 厘米（图八六，5；彩版一〇〇，6）。

锯　1 件。M10：7，背部平直，刃部为不规则锯齿，一端有孔，应为安装木柄处。残长 15.2、宽 2.8 厘米（图八六，6；彩版一〇〇，4）。

镞　10 件。形制有 3 种（彩版一〇一，1）。M10：2-1，扇形镞，1 件。弧刃，往下渐窄，尾部接铁制圆铤。长 15.5、刃宽 4 厘米（图八七，1）。M10：2-2，扁铲形镞，1 件。直刃，平面似锅铲状，圆肩，尾部接铁制圆铤。镞身与铤部相交处有格。长 11、刃宽 3 厘米（图八七，2）。M10：2-3，矛形镞，8 件。镞尖锐利，两侧直刃，中部起脊，截面为菱形，尾

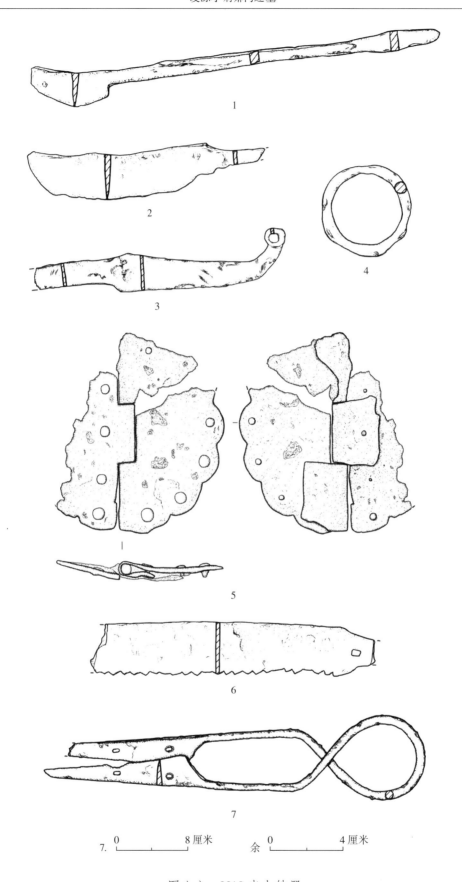

图八六 M10 出土铁器

1~3. 刀（M10：3、6、13） 4. 环（M10：9） 5. 合页（M10：5） 6. 锯（M10：7） 7. 剪（M10：4）

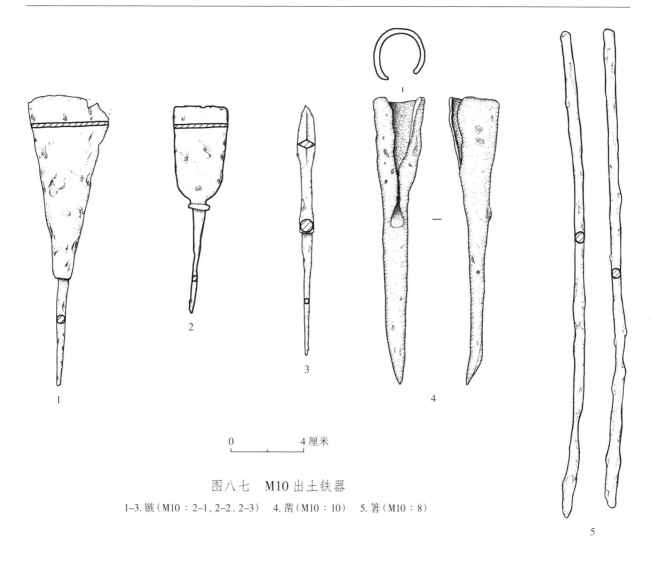

图八七　M10 出土铁器

1~3. 镞（M10：2-1、2-2、2-3）　4. 凿（M10：10）　5. 箸（M10：8）

部接铁制圆铤。长 13.2、宽 1 厘米（图八七，3）。

凿　1 件。M10：10，刃尖略向一侧弯曲，凿体呈扁棱形，尾部有半封闭状圆銎。长 15.2、銎孔直径 2.8 厘米（图八七，4；彩版一〇一，2）。

箸　1 副。M10：8，细长略弧曲，一端圆，一端尖。截面为圆形。长 25.4 厘米（图八七，5；彩版一〇一，3）。

剪　1 件。M10：4，交股呈"8"字形，剪尖锐利，剪口交错，对称分布两对小孔。长 41.8、刃宽 8.9 厘米（图八六，7；彩版一〇一，4）。

（三）铜器

铜鎏金腰带具　1 套 4 件。M10：11，包括方形牌饰、长方形牌饰、葫芦形带头和带箍各 1 件，其余部件残缺（彩版九九，4）。M10：11-1，方形牌饰。一面锤揲出折枝牡丹纹，下部有长方形透孔。残长 3.6、宽 4.2 厘米（图八五，2）。M10：11-2，长方形牌饰。表面锤揲缠枝花草纹。残长 3.6、宽 2 厘米（图八五，3）。M10：11-3，葫芦形带头。上端为长方形穿柄，下端呈倒置葫芦形，下半部残缺。表面锤揲缠枝花草纹。残长 6.7、宽 3.2 厘米（图八五，4）。M10：11-4，带箍，椭圆形，环状。长径 2.4、短径 1 厘米（图八五，5）。

十一号墓

M11 位于墓地中部略偏东，在 M9 与 M10 的墓道之间。M11 紧临墓地东侧的冲沟，墓道南端一部分被冲沟冲毁。发掘前墓葬未被盗扰，出土遗物丰富。

一　墓葬形制

现地表呈缓坡状，不见封土。全墓由墓道、墓门、甬道和墓室几部分组成，发掘长度约 11 米，墓向 116 度（图八八）。

墓圹平面为圆角长方形，长 5.5、宽 4.86、深 4.2~4.5 米。墓圹内用木枋垒砌墓室和甬道，位置居中部。墓室与圹壁之间有间隙。

墓道居墓圹南壁正中，斜坡式，从地表通向墓底，前窄后宽。墓道前端被水冲毁，存长（水平长度）5.4、宽 0.8~1.6 米。两侧壁较陡直，表面加工平整，不施白灰。填土为浅褐色，纯净且松软。墓道底部出有一个马头骨，位于墓道前半部。

墓门即为甬道之入口，木框结构，立面为长方形。两边有木门柱，中间应有门扇，地面出土一把铁锁。门洞用石块封堵，门洞外立有两块大石头，也作封门之用（图八九；彩版一〇二，1）。门洞之上有大石块砌筑的额墙，立面较规整。

甬道为木结构，平面为长方形，宽 1、进深 1.3、残高 0.64 米。两侧立置木枋。

墓室平面呈八角形，用木枋垒砌而成。墓室宽 3.8、进深 3.7 米，立壁残高 0.55 米（彩版一〇三）。墓顶也由木枋构成，现已塌落。清理后形状保存较完好，可见顶部木枋分为八层，逐层叠涩内收。墓顶正中用石块、一块大石板和一块木板封顶，结构较复杂。先在顶部木枋周边垒一圈石块，其上覆盖一块长方形大石板，石板上再压一块木板。木板为长方形，长 1.4、宽 1 米，由 8 根木枋钉成，三横五纵。纵向木枋较宽大，宽约 18 厘米，横向木枋稍窄小。木板之上再压一层石块（彩版一〇二，2）。墓底平整，无铺地砖。

墓室中部有一个长方形木棺，长 2.2、宽 1.1 米。棺内发现一具较完整的男性人骨架和一个单独头骨。人骨架居外侧，为仰身直肢葬，头东足西。头戴银冠，面覆银面具，银面具上錾刻有胡须，为男像（彩版一〇四，1）。右手带银戒指，脚部包银片。尸身上覆有丝织品，有金丝花纹。骨骼大部分朽成粉末状。单独头骨居内侧，与男性骨架并排而置，无其他骨骼痕迹，亦无随葬品。墓室和甬道内均出土了大量遗物。

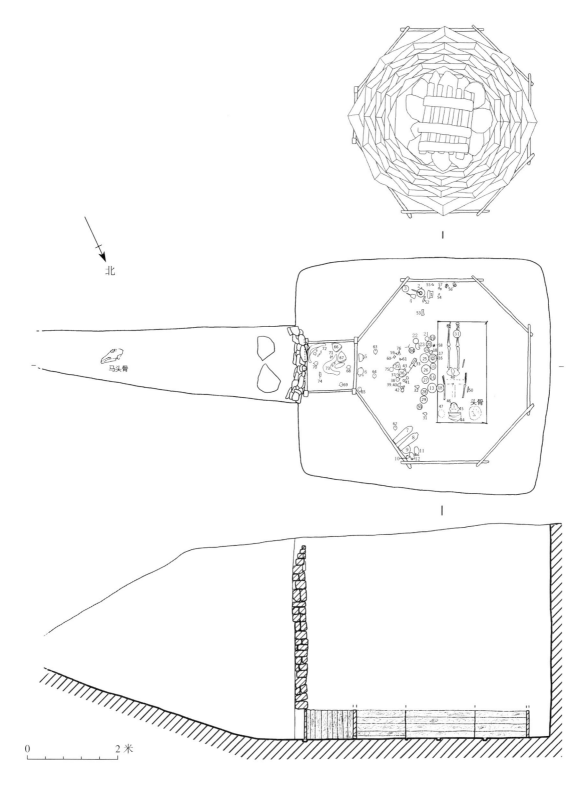

图八八　M11 平、剖视图

1.陶砚 2.铁壶 3.白瓷钵　4.铁撮子　5.白瓷温碗　6.白瓷注子　7、8.瓷鸡腿瓶　9.白釉绿彩瓷盆　10、14、18、43.白瓷弧腹碗　11、12.白瓷鸡冠壶 13.白瓷渣斗　15、16.白瓷盏托　17、19、20、30、75.白瓷斜腹碗　21~24、27~29.白瓷花口碟 25、26.白瓷莲纹碗 31、32.铁骨朵 33、74.铁锁 34.铁灯 35、36.铁马镫 37、38、62~65、68~70.大铜铃 39、40、42、71.小铜铃 41.铁马衔镳 44.银冠 45.银面具 46.玉、石项饰 47、49.铜、玻璃复合腰带具 48、51.铜镜 50.铜簪 52.铁锯 53.铁斧 54.铁马铃 55.铁凿 56.石围棋子 57.中号铜铃 58~60.铁镞 61.铁鸣镝 66、67.错银铁马镫 72.铜、铁复合马带具 73.银鞍桥包片 76.铁刀(77.铁箍 78.琥珀饰 79.铁灯 80.铜杏叶,出土位置不明)

0 _____ 40厘米

图八九　M11 墓门立面图

二 出土遗物

此墓出土遗物丰富，有陶瓷器、银器、铜器、铁器和玉石器等，总计 119 件（套）。遗物出土于甬道、木棺四周和棺内，摆放位置有一定规律：墓室西壁下主要为铁制生活用具和围棋子等，墓室东南壁下为酒具用瓷，棺内出土殓葬服饰，棺前主要为日常生活用瓷，甬道内放置马具。

（一）陶、瓷器

共 30 件。以白釉瓷器为主，有 26 件，器形有鸡冠壶、注子、温碗、钵、渣斗、碗、盏托、花口碟等；另有白釉绿彩盆 1 件、茶叶末绿釉和褐釉瓷鸡腿瓶各 1 件、陶砚 1 件。

白瓷鸡冠壶 2 件。形制、大小略有差异。M11：11，灰白色瓷胎。通体施白釉，略泛青色。管状口，圆提梁略窄，上腹扁平，下腹圆鼓，垂腹较明显，矮圈足。管状口的基部有一周凸棱，仿皮条堆纹从此处引出，经腹部，绕到提梁后端。口径 3.5、足径 10.3、高 29.8 厘米（图九〇，1；彩版一〇五，1）。M11：12，灰白色粗瓷胎。施白釉至腹下，圈足内外无釉，施釉不均，可见细小开片。管状口，圆提梁略宽，袋状腹，矮圈足。管状口的基部有一周凸棱。仿皮条堆纹从提梁前端引出，经腹部绕到提梁后端。口径 3.7、足径 10.4、高 30.2 厘米（图九〇，2；彩版一〇五，2）。

白瓷注子 1 件。M11：6，胎质细密坚实。施白釉。口沿微侈，直领较高，折肩，扁平曲柄，斜直流，流外表呈八棱状，流口低于壶口，鼓腹，圈足。肩部有花枝纹，腹部饰缠枝牡丹花纹。壶盖为直口，折腹，饼状底；器表施白釉，口沿及盖内侧无釉。口径 4.1、腹径 14.4、底径 8.2、器高 17.6、通高 20 厘米（图九一，1；彩版一〇六，1）。

白瓷温碗 1 件。M11：5，胎质细密。口至腹中部施白釉，下腹部至外底部不施釉。有流釉现象，表面有气泡。直口，外叠沿，深弧腹，近底部腹斜收，圈足。素面。腹中部可见轮旋痕。口径 17.4、足径 5.8、高 12 厘米（图九二，1；彩版一〇六，2）。

白瓷钵 1 件。M11：3，灰白色粗瓷胎。器表施白釉不到底，下腹及圈足处无釉，内壁施半釉。有流釉痕，口沿处可见细小开片。圆唇，敛口，曲腹，圈足。口径 13.4、底径 9.2、高 11.1、最大径 17.5 厘米（图九二，2；彩版一〇六，3）。

白瓷渣斗 1 件。M11：13，通体施白釉。大喇叭口，短束颈，鼓腹，圈足。口径 19.6、底径 6.6、高 13.6 厘米（图九二，3；彩版一〇六，4）。

白瓷莲纹碗 2 件。形制、大小相同。M11：25，通体施白釉。圆唇，敞口，斜直腹，矮圈足。腹部外壁刻划仰莲纹。口径 18.4、足径 8.2、高 6.4 厘米（图九三，1；彩版一〇七，1）。

白瓷斜腹碗 5 件。形制、大小相同。M11：19，胎质细密。通体施白釉。圆唇，敞口，斜直腹，小圈足。口径 12.4、足径 4、高 4.2 厘米（图九三，2）。M11：30，口径 12.2、足径 4、高 4 厘米（彩版一〇七，2）。

白瓷弧腹碗 4 件。形制、大小各不相同。M11：10，形体较大。胎质细腻。通体施白釉。敞口，外叠唇，斜弧腹，圈足。口径 14.6、底径 5.2、高 5.3 厘米（图九三，5；彩版一〇七，3）。M11：14，形体较大。腹部可见轮旋痕迹。口径 14.2、足径 4.9、高 5.8 厘米（图九三，4；

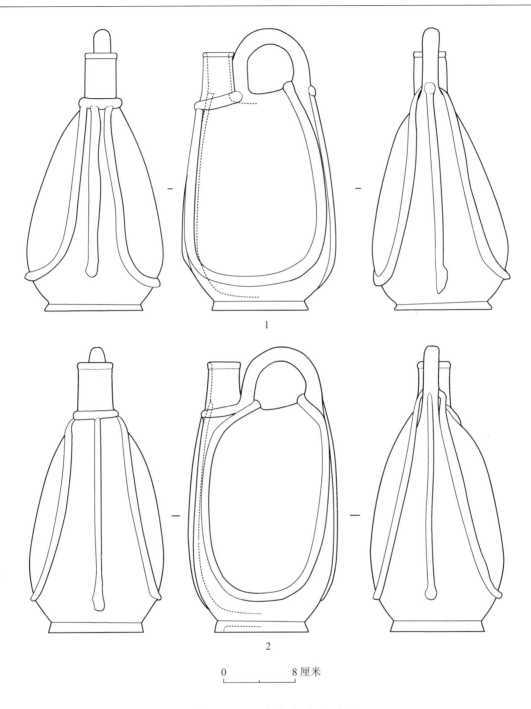

1

2

0   8 厘米

图九〇　M11 出土白瓷鸡冠壶
1. M11：11　2. M11：12

彩版一〇八，1）。M11：43，形体较小。口径 11.2、足径 4、高 4.6 厘米（图九三，3；彩版一〇八，2）。M11：18，形体最小。口沿略外侈。口径 10.4、足径 3.6、高 4.6 厘米（图九三，6；彩版一〇八，3）。

白瓷盏托　2件。形制、大小相似。M11：15，灰白胎，较粗，质地坚硬。表面施白釉，微泛黄，圈足内无釉。托盘尖圆唇，浅斜腹，小圈足。杯形托座侈口，尖圆唇，直壁，内底

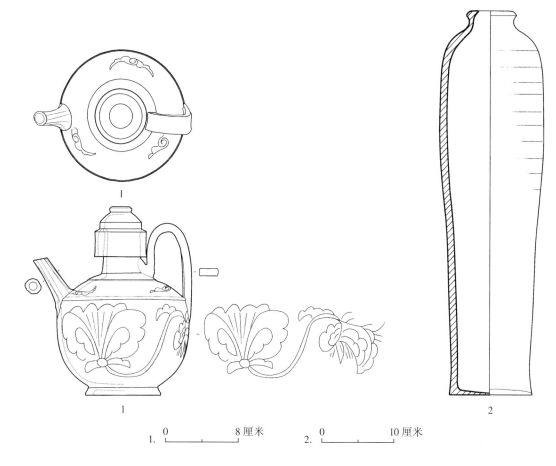

图九一　M11出土瓷注子、鸡腿瓶

1.白瓷注子（M11∶6）　2.茶叶末釉瓷鸡腿瓶（M11∶7）

可见明显拉坯痕。托座口径8.4、托盘口径14.8、底径5.3、高7厘米（图九三，7；彩版一〇八，4）。M11∶16，形制与M11∶15相同。托盘口径14.6、底径5.2、高6.8厘米（彩版一〇八，5）。

白瓷花口碟　7件。M11∶21~24、27~29，形制、大小相同（彩版一〇九，1~7）。M11∶21，胎质坚实细密，胎色洁白。除器底外通体施白釉。十二曲花式口，浅腹，腹壁斜直，内壁对应口沿有十二道凸棱，矮圈足。素面。内底有四处支垫痕。口径13.6、足径6、高3.3厘米（图九三，8；彩版一〇九，1）。

白釉绿彩瓷盆　1件。M11∶9，通体施白釉，底无釉。圆唇外卷，斜直腹，平底。内壁刻划三只水鸟，内底饰八瓣团状莲纹，纹饰上施绿彩。口径31.2、底径22、高7.5厘米（图九二，5；彩版一一〇，1）。

瓷鸡腿瓶　2件。形制相同，大小相近。M11∶7，缸胎。器壁内外施茶叶末釉，底部无釉。小口，短颈，溜肩，长筒身，上粗下细，平底。口径4、底径11、高50.7厘米（图九一，2；彩版一一一，1）。M11∶8为褐釉（彩版一一一，2）。

陶砚　1件。M11∶1，胎质细腻。圆形台面微凹，高座束腰，座中空。台面直径20、底径16、高10厘米（图九二，4；彩版一一〇，2）。

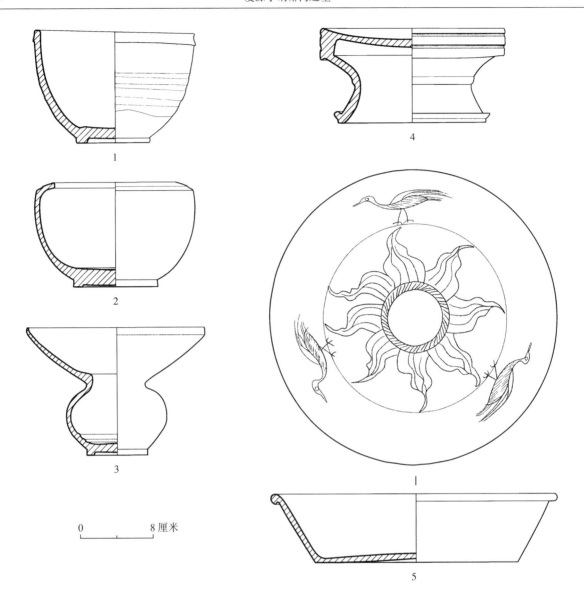

图九二　M11 出土陶、瓷器

1. 白瓷温碗（M11：5）　2. 白瓷钵（M11：3）　3. 白瓷渣斗（M11：13）　4. 陶砚（M11：1）　5. 白釉绿彩瓷盆（M11：9）

（二）银器

冠　1件。M11：44，椭圆形冠饰，由银丝绑于白色丝网上，共由 8 个银片组成，前低后高。残，部分经修复。正面两个银片，靠后一片较高，银片镂空，錾刻人物及凤鸟纹；靠前一片较矮，近似花柱状，有三个椭圆形凸起，其上有圆三角形镂空，中间錾刻人物像，两侧凸起处刻飞鸟及花草。两侧各由两个对称银片组成，银片形状相同，由银丝两两相连，形成两侧耳状，其上錾刻凤鸟。背面较高，也由两个银片组成，前一银片残缺，后一银片雕刻异形鸟纹及镂空。8 个银片由银丝固定于一圆形银片上，银片上錾刻卷云纹，在银片及纹样边缘都有小圆点纹饰。高 27.2、宽 30.3、长径 21.3 厘米（彩版一一二）。

面具　1件。M11：45，男像。由一整块银片锤揲而成，有浮雕效果。细部錾刻出眉、眼、

图九三　M11 出土白瓷碗、盏托、花口碟

1. 莲纹碗（M11 : 25）　2. 斜腹碗（M11 : 19）　3~6. 弧腹碗（M11 : 43、14、10、18）　7. 盏托（M11 : 15）　8. 花口碟（M11 : 21）

耳郭、鼻孔、嘴、胡须等细节。表情庄重，两侧有四组 8 个固定用的小孔。长 21.6、宽 22.2 厘米（图九四；彩版一一三）。

　　鞍桥包片　1 套。M11 : 73，残，暂未修复（彩版一〇四，2）。

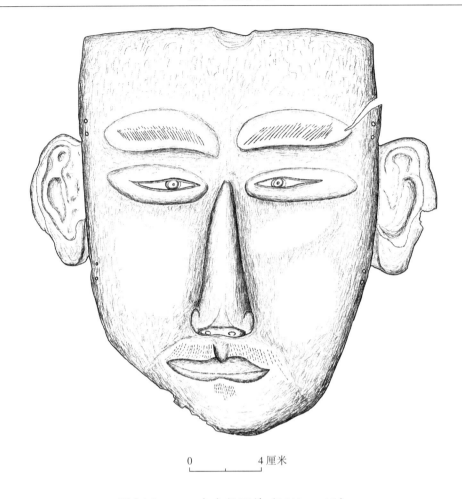

0 ____ 4厘米

图九四 M11 出土银面具（M11：45）

（三）铜器

镜 2件。形制、大小略有差异，背面纹饰不同。M11：48，桥形纽，镜纽周围饰缠枝葡萄纹，花纹外有一周凸弦纹，宽平沿。镜面光滑。直径17.5、纽高0.6厘米（图九五，1；彩版一一四，1）。M11：51，桥形纽，纽周围饰两组缠枝花纹，已不清晰。空白处随手刻划"镜背"两个汉字。直径16.5、纽高0.6厘米（图九五，2；彩版一一四，2）。

铃 24件。形制大致相同，有细微差别，分为大、中、小三种。铃身由两个半球焊接而成，整体近长球形，有几件在焊接处有一周凸棱。顶部有近环状的纽，用于穿绳系挂。底部有长条形开口，铃内置一铁球，有的活动自如，有的已与铃身锈蚀在一起。M11：37，大号铜铃，9件。高6.8、直径5.6厘米（图九五，4；彩版一一五，1）。M11：57，中号铜铃，2件。高3.8、直径2.6厘米（图九五，5；彩版一一五，2）。M11：42，小号铜铃，13件。高2.5、直径1.8厘米（图九五，6；彩版一一五，3）。

杏叶 3件。M11：80，形制、大小略有差异。整体呈双鱼并排悬挂状，鱼头朝上，鱼尾朝下，鱼腹相连。左右基本对称。正中间纵向均匀分布三个小圆形透孔。正面加工较光洁，微鼓，素面。M11：80-1，左右两侧完全对称，下部鱼尾平齐。高5.4、宽4.6厘米。M11：80-2，左侧鱼略大，右鱼略短小，下部鱼尾向左倾斜。高4.9、宽4.2厘米。M11：80-3，右侧鱼略大，左鱼略短小，

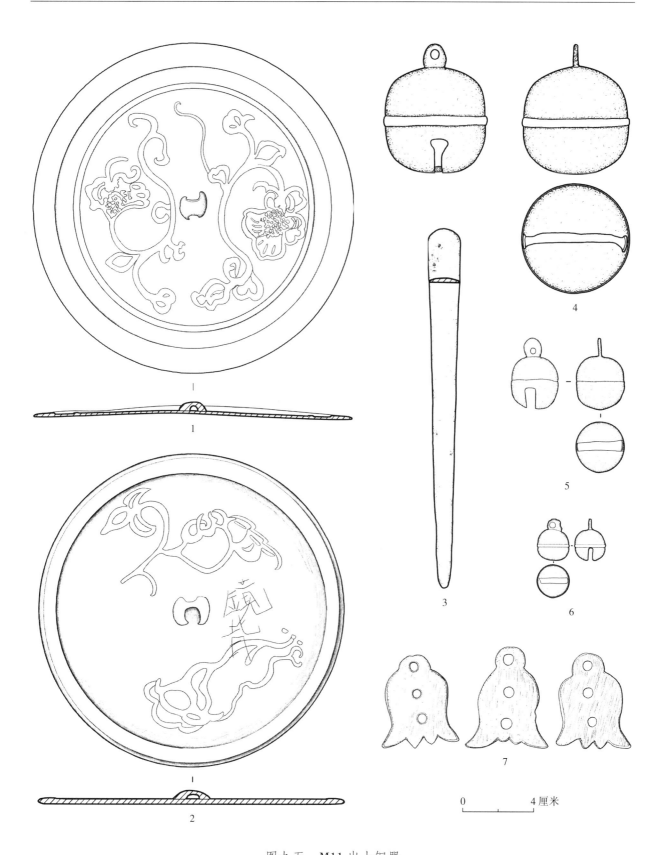

图九五　M11 出土铜器

1、2.镜（M11：48、51）　3.簪（M11：50）　4~6.铃（M11：37、57、42）　7.杏叶（M11：80-2、80-1、80-3）

下部鱼尾向右倾斜。高 5.1、宽 4.1 厘米（图九五，7；彩版一一六，1）。

簪 1件。M11：50，扁平条状，一端宽而圆钝，另一端窄而尖细，两侧较锋利。正面微鼓，背面平。长 19、宽 1.8、厚 0.15 厘米（图九五，3；彩版一一六，2）。

铜、铁复合马带具 1套。M11：72，由铜带扣、铜带箍、铜环、铜鎏金牌饰、铁节约、铁牌饰组成（图九六；彩版一一七）。铁节约和铁牌饰锈蚀严重，但铜质背板保存较完好，可见残留的皮革痕。出土于甬道内。

M11：72-1，桃形铜带扣，2件。单扣环呈桃形，长条形扣针，护板呈圭形，配长方形带箍。长 2.7、宽 2 厘米。带箍长 1.5、宽 1.1 厘米（图九六，1；彩版一一六，3）。

M11：72-2，椭圆形铜带扣，1件。单扣环呈椭圆形，配椭圆形带箍。长 3.2、宽 2.4 厘米。带箍长 2.2、宽 1.5 厘米（图九六，2）。

M11：72-3，铜鎏金带扣，2件。双扣环，无扣针，前环呈桃形，其上錾刻缠枝花纹，后环为扁方形。长 3.6、宽 3.5 厘米（图九六，3；彩版一一六，4）。

M11：72-4，铜环，1件。圆形，无纹饰，其上残存皮革。外径 4.8 厘米（图九六，4；彩版一一七，1）。

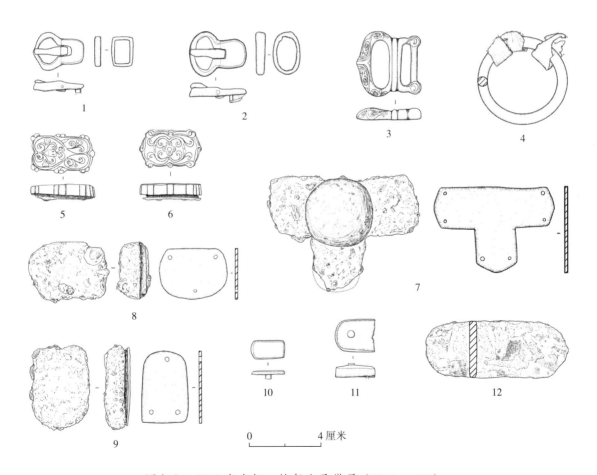

图九六　M11 出土铜、铁复合马带具（M11：72）

1. 桃形铜带扣、带箍（M11：72-1）　2. 椭圆形铜带扣、带箍（M11：72-2）　3. 铜鎏金带扣（M11：72-3）　4. 铜环（M11：72-4）
5. 圭形铜鎏金牌饰（M11：72-5）　6. 双尖形铜鎏金牌饰（M11：72-6）　7. "凸"字形铁节约（M11：72-7）　8. 马蹄形铁牌饰（M11：72-8）
9. 圭形铁牌饰（M11：72-9）　10、11. 铜质背板（M11：72-10、72-11）　12. 椭圆形铁牌饰（M11：72-12）

M11：72-5，圭形铜鎏金牌饰，5件。一端平，略内凹，另一端尖，周边为曲状花边。表面饰缠枝花朵纹。背面有铜背板，用3枚铜铆钉固定。中间残留皮鞓。长3.5、宽2.1、厚0.6-0.8厘米（图九六，5；彩版一一七，2）。

M11：72-6，双尖形铜鎏金牌饰，23件。两端尖，周边为曲状花边。表面饰缠枝花纹。背面有铜背板，用2枚铜铆钉固定。中间残留皮鞓。长3.4、宽2厘米（图九六，6；彩版一一七，3）。

M11：72-7，"凸"字形铁节约，6件。中间为半球状，三脚呈圭形，均锈蚀严重。背板为铜质，形状与正面相同，保存较好。每脚上有两个小圆孔，用于穿钉。长8.2、宽6.2厘米（图九六，7；彩版一一七，4）。

M11：72-8，马蹄形铁牌饰，16件。平面呈马蹄形，背面有铜质背板，均匀分布3枚铆钉。长4.3、宽3厘米。背板长4、宽2.7、厚0.1厘米（图九六，8；彩版一一七，5）。

M11：72-9，圭形铁牌饰，13件。平面呈圭形，一端平直，一端圆弧。长4.5、宽3.3厘米。背板长3.8、宽2.7、厚0.15厘米（图九六，9；彩版一一七，5）。

M11：72-10，铜质背板，1件。平面呈长方形，两侧平直，一端圆弧，另一端平直。背面有一枚铜铆钉。长1.9、宽1厘米（图九六，10；彩版一一七，6）。

M11：72-11，铜质背板，2件。平面呈圭形，两侧平直，一端圆弧，另一端内凹。背面四枚铆钉，其中一枚透过背板。长2.2、宽1.7厘米（图九六，11；彩版一一七，6）。

M11：72-12，椭圆形铁牌饰，1件。两侧平直，两端圆弧。长7.8、宽3、厚0.4厘米（图九六，12；彩版一一七，5）。

铜、玻璃复合腰带具 2套。形制完全不同。

M11：47，由带扣、带箍、心形带饰、菱形带饰、圭形带饰、马蹄形带銙、圆形有孔带銙、铊尾、小带扣、小带箍、豆荚形横栓、双环接头等组成（图九七；彩版一一八，1）。其中带扣、带箍和双环接头等连接件为铜质，带銙、铊尾、横栓、牌饰等装饰件皆为玻璃质，但它们的背板和铆钉为铜质。玻璃质带具表面加工圆滑，受侵蚀后呈乳白色，表层局部脱落。素面。出土于男性墓主头部左侧。

M11：47-1，铜带扣，1件。单扣环呈椭圆形，护板为圭形。护板正面錾刻兽面纹，兽面圆眼立眉，阔口猬须，牙齿外露。铜质背板，有3枚铜铆钉。长7.6、宽4.9厘米（图九七，1；彩版一一八，2左）。

M11：47-2，铜带箍，1件。方环形。素面。与M11：47-1兽面纹铜带扣配套。长4.2、宽2.3厘米（图九七，2；彩版一一八，2右）。

M11：47-3，菱形带饰，3件。正面有2枚铜铆钉。长2.8、宽1.6厘米（图九七，9）。

M11：47-4，大圭形带饰，4件。正面有2枚铜铆钉。长2.75、宽1.6厘米（图九七，10）。

M11：47-5，心形带饰，4件。正面有2枚铜铆钉。长3.1、宽2.6厘米（图九七，8）。

M11：47-6，马蹄形带銙，4件。下部有长条形"古眼"，正面均匀分布3枚铜铆钉，透过玻璃质带銙，与铜质背板相连。背板与带銙形状完全吻合，中间夹皮鞓。长4.05、厚1.4

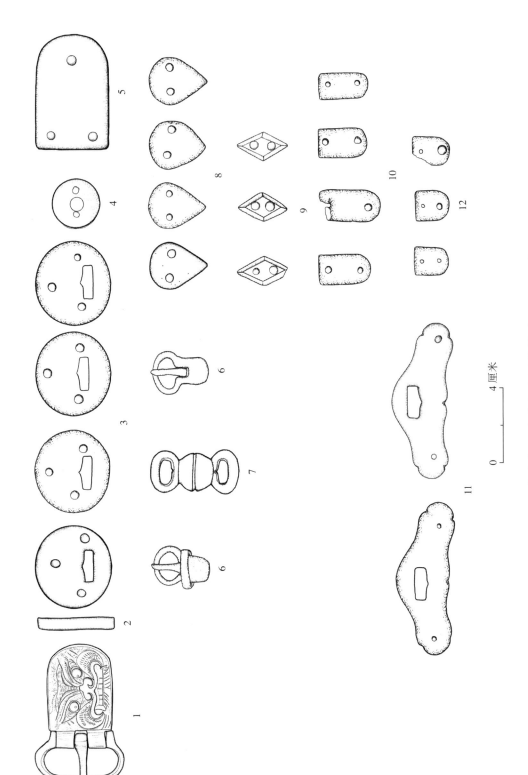

图九七　M11 出土铜、玻璃复合腰带具（M11：47）

1. 铜带扣（M11：47-1）　　2. 铜带箍（M11：47-2）　　3. 玻璃质马蹄形带銙（M11：47-6）　　4. 玻璃质圆形有孔带銙（M11：47-10）　　5. 玻璃质铊尾（M11：47-8）　　6. 小
铜带扣（M11：47-11）　　7. 铜双环接头（M11：47-12）　　8. 玻璃质心形带饰（M11：47-5）　　9. 玻璃质菱形带饰（M11：47-3）　　10. 玻璃质大圭形带饰（M11：47-4）
11. 玻璃质豆荚形横栓（M11：47-7）　　12. 玻璃质小圭形带饰（M11：47-9）

厘米（图九七，3）。

M11：47-7，豆荚形横栓，2件。整体似低矮的等腰三角形，左右对称，边缘为曲状花边。上部有长条形"古眼"，两角各有1枚铜铆钉。长8.25、宽3、厚1.1厘米（图九七，11）。

M11：47-8，铊尾，1件。圭形，一侧平直，一侧为圆弧形，正面有3枚铆钉均匀分布。长6.2、宽4、厚1.4厘米（图九七，5）。

M11：47-9，小圭形带饰，3件。正面有2枚铜铆钉。长1.8、宽1.6、厚0.5厘米（图九七，12）。

M11：47-10，圆形有孔带銙，1件。正面隆起，近半球形，中心有圆形透孔，两旁各有1枚铜铆钉。铜质背板为圆形，有透孔。直径2.6、厚1厘米（图九七，4）。

M11：47-11，小铜带扣，2件，形制、大小相同。椭圆形单扣环，扣钉呈鹰嘴状，护板为圭形，素面。长3.2、宽2.4厘米。另附小铜带箍，1件。扁圆环形，无纹饰。长径2.2、短径1.5厘米（图九七，6；彩版一一八，3）。

M11：47-12，铜双环接头，1件。中部为实心圆球，上、下两端各接一个扁圆形穿柄。圆球中部饰一道弦纹。长4.9、宽2.3厘米（图九七，7；彩版一一八，4）。

M11：49，由带扣、带箍、方形带銙、铊尾、小带扣、小带箍、葫芦形带头、心形带饰、小心形带饰、圭形带饰、转轴等组成（图九八；彩版一一九，1）。方形带銙、铊尾、心形带饰、小心形带饰、圭形带饰主体为玻璃质，背板和铆钉皆为铜质。葫芦形带头为玻璃质，无背板。出土于男性墓主腰部。

M11：49-1，铜带扣，1件。单扣环呈椭圆形，护板为圭形。素面。表面可见3枚铜铆钉。背板缺失。长6.2、宽4.1厘米（图九八，1；彩版一一九，2）。

M11：49-2，铜带箍，1件。椭圆环形，较宽。素面。残断（图九八，2）。

M11：49-3，玻璃质方形带銙，13件。形制、大小相同。下部有"古眼"，正面四角各有一枚铜铆钉。边长3、厚0.75厘米（图九八，3）。

M11：49-4，玻璃质铊尾，1件。平面呈圭形，正面边缘切削加工成小斜面，有3枚铜铆钉。长5.35、宽3、厚1厘米（图九八，4）。

M11：49-5，小铜带扣，2件。形制、大小相同。单扣环呈椭圆形，背板铜质，有2枚铜铆钉。均配椭圆环形小带箍。素面。长3.2、宽2.2厘米（图九八，5；彩版一一九，3）。

M11：49-6，玻璃质葫芦形带头，2件。上部为长方形穿柄，下部为倒置葫芦形。素面。边缘经过切削处理。长7.7、宽3.4、厚1厘米（图九八，9）。

M11：49-7，玻璃质心形带饰，5件。正面并排2枚铜铆钉。长2、宽2.2厘米（图九八，6）。

M11：49-8，玻璃质小心形带饰，3件。形制与心形带饰完全相同，体形较小（图九八，7）。

M11：49-9，玻璃质圭形带饰，10件。平面呈窄长的圭形，正面有2枚铜铆钉。长2.9、宽1.53、厚0.65厘米（图九八，10）。

M11：49-10，铜转轴，1件。上部为长方形穿柄，下接图钉状转轴，轴末端有节突，下半部缺失。长2.8、宽1.95厘米（图九八，8；彩版一一九，4）。

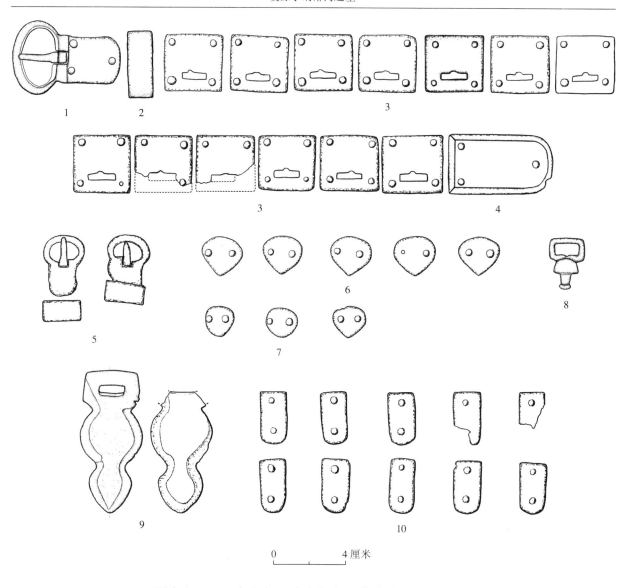

图九八　M11 出土铜、玻璃复合腰带具（M11：49）

1. 铜带扣（M11：49-1）　2. 铜带箍（M11：49-2）　3. 玻璃质方形带銙（M11：49-3）　4. 玻璃质铊尾（M11：49-4）　5. 小铜带扣
（M11：49-5）　6. 玻璃质心形带饰（M11：49-7）　7. 玻璃质小心形带饰（M11：49-8）　8. 铜转轴（M11：49-10）　9. 玻璃质葫芦形
带头（M11：49-6）　10. 玻璃质圭形带饰（M11：49-9）

（四）铁器

分为马具、兵器、生产工具和生活用具等。

1. 马具

马镫　4 件 2 副，形制不同。M11：35、36 两件为一副，形制、大小相同，为短柄镫（彩
版一二〇，1）。镫轮呈梯形，顶梁上有近方形短柄，柄上有长方形穿孔。轮柱截面为圆形，
踏板椭圆形，正中有突脊。M11：35，长 19.4、宽 14 厘米（图九九，1）。M11：66、67 两
件为一副，形制、大小相同，为转柄镫（彩版一二〇，2）。表面错银，银片极薄，似成图案，
大部分脱落。梁与柄分铸，再套接而成，柄可旋转。柄上有长方形穿孔，已残。镫轮呈梯形，
踏板近椭圆形。M11：66，长 18、宽 14、踏板宽 5 厘米（图九九，2）。

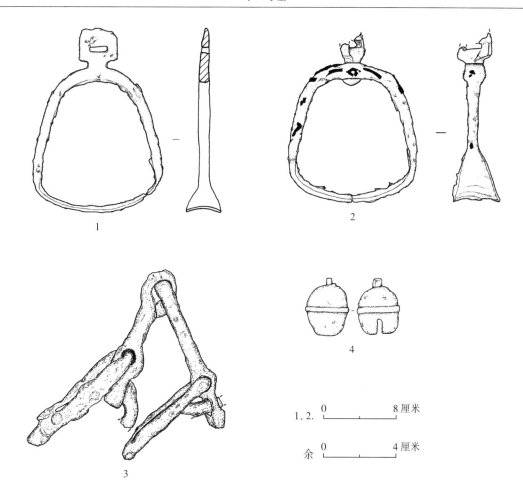

图九九　M11 出土铁马具

1、2.马镫（M11：35、66）　3.马衔镳（M11：41）　4.马铃（M11：54）

马衔镳　1件。M11：41，衔为双节直棍形，两端各有垂直相交的两孔。内侧小孔穿一大环，为环状镳，外侧小孔穿一小环，为挂缰活环，已残断（图九九，3；彩版一二〇，3）。

马铃　1件。M11：54，铃身由两个半球焊接而成，整体近长球形。顶部有纽，已残。底部有长条形开口。高3、宽2.4厘米（图九九，4；彩版一二〇，4）。

2.兵器

骨朵　2件。均为实心扁球形，形制略有差异。M11：31，十四瓣瓜棱状，顶部呈饼状，下端接圆銎，銎口一侧用铁穿钉固定木柄。长7.5、腹径5.1厘米（图一〇〇，1；彩版一二一，1）。M11：32，扁球体不分瓣，顶平，下端接圆銎。表面错银。长6、腹径4.9厘米（图一〇〇，2；彩版一二一，2）。

镞　14枚。形制分为三种。M11：60，"丫"形镞。3枚。体扁平，"丫"形刃，尾部接铁制圆铤。残长10.2、最宽4.9厘米（图一〇〇，4；彩版一二一，3）。M11：59，铲形镞，1枚。体扁平，平面近铲形，平刃，尾部接铁制圆铤。残长9.8厘米（图一〇〇，5；彩版一二一，4）。M11：58，矛形镞，10枚。平面呈柳叶形，两侧直刃，中部起脊，截面为

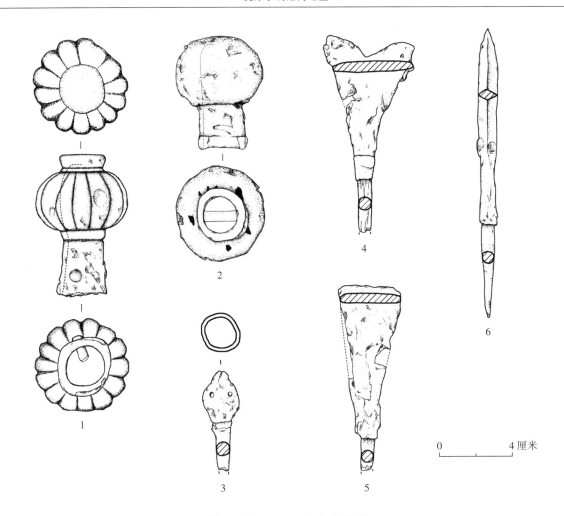

图一〇〇　M11 出土铁兵器

1、2. 骨朵（M11：31、32）　3. 鸣镝（M11：61）　4~6. 镞（M11：60、59、58）

菱形，尾部接铁制圆铤。长 15.3 厘米（图一〇〇，6；彩版一二一，5）。

　　鸣镝　4 枚，形制相同，大小略有差异。M11：61，前端为锋刃，略呈尖锥形，后端呈球形，空心，球体上有 3 个哨孔，尾部有圆銎接铤。残长 5.3、前部最大径 2 厘米（图一〇〇，3；彩版一二一，6）。

　　3. 生产工具

　　刀　4 件，形制、大小相近。M11：76，刀身近似呈柳叶形，木柄铁芯，柄部安铁箍。外套木鞘，与刀身锈蚀在一起。残长 11.4、刀厚 0.2、刀鞘总厚度 0.6 厘米（图一〇一，1；彩版一二二，1）。

　　撮子　1 件。M11：4，长簸箕形，平刃，两侧向上翻折，微呈坡状，方肩。后接长扁平茎，尾部呈半封闭圆銎。形体较小，似为明器。长 29.3、宽 9.8 厘米（图一〇一，5；彩版一二二，5）。

　　凿　1 件。M11：55，平面呈梯形，直刃，两侧边平直，上部后折呈半封闭状扁圆銎。长 5.5、宽 3.1、銎口长径 2.32、短径 1.8 厘米（图一〇一，3；彩版一二二，2）。

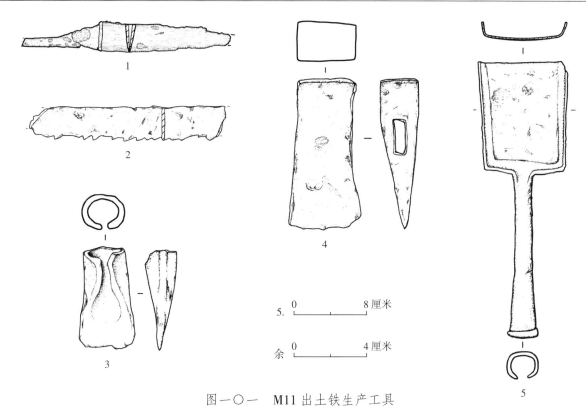

图一〇一　M11 出土铁生产工具

1. 刀（M11：76）　2. 锯（M11：52）　3. 凿（M11：55）　4. 斧（M11：53）　5. 撮子（M11：4）

斧　1件。M11：53，砸击面近长方形，顶部中间有长方形孔，用以穿柄。弧刃。侧面呈楔形。长 8、刃宽 4、厚 2 厘米（图一〇一，4；彩版一二二，3）。

锯　1件。M11：52，扁平条状，残存一部分，断为两截，可拼对。一边平直，一边为不规则锯齿状。残长 10.8、宽 1.8 厘米（图一〇一，2；彩版一二二，4）。

4. 生活用具

壶　1件。M11：2，短直口，圆肩，肩部一侧有短直流，肩部与短直流垂直一侧有一长柄，柄尾部有圆銎，可能套接木柄。球形腹，腹中部有一条铸缝，平底内凹。壶盖为圆形，扁平状，盖顶有八瓣花式装饰，其上有"L"形横梁与壶身上的长柄相连。连接处有转轴，便于横梁自如抬起。壶口径 3.7、底径 5.6、高 11.5、通体残高 22.4 厘米（图一〇二，1；彩版一二三，1）。

箍　1件。M11：77，圆筒状，空心。长 3.6、直径 3.5 厘米（图一〇二，2；彩版一二二，6）。

锁　2件。形制、大小基本相同。M11：33，出土于棺前。锁套呈圆筒状，锁拴向上折起与锁套一端相连，锁眼为长方形。锁栓上有 2 个铁门鼻。长 27.2 厘米（图一〇二，3；彩版一二三，3）。M11：74，出土于甬道内。锁簧呈三棱形，锁套外侧有"T"形锁眼。长 25 厘米（图一〇二，4；彩版一二三，4）。

灯　1件。M11：34，灯檠为圆角方柱状，上接浅盘状灯盏，已残，下接折曲式三扁足。高 13、盘口直径 11 厘米（图一〇二，5；彩版一二三，2）。

钉　10 余枚。M11：79，一端弯折，向下渐细成尖。截面呈长方形。长 10~15 厘米（图

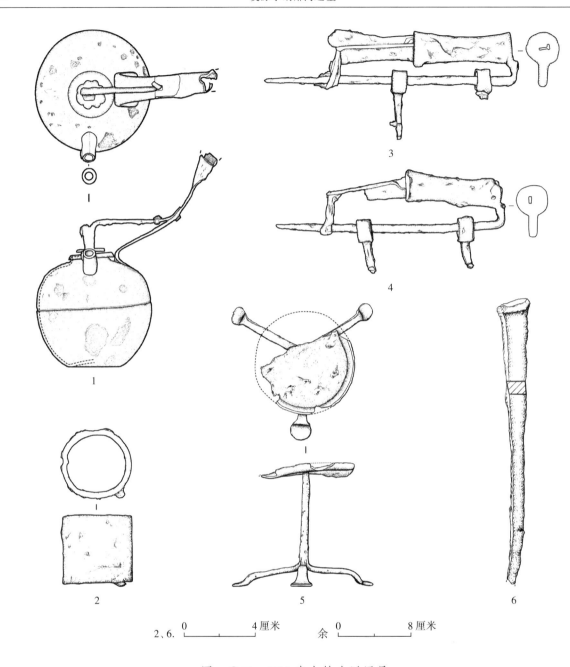

图一〇二 M11 出土铁生活用具

1.壶（M11：2） 2.箍（M11：77） 3、4.锁（M11：33、74） 5.灯（M11：34） 6.钉（M11：79）

一〇二，6；彩版一二三，5）。

（五）玉、石器等

项饰 1套。M11：46，由心形坠、"T"形坠、管状饰和小圆珠组成。小圆珠为玛瑙质，有的表面涂有金粉，其余饰件皆为玻璃质，表面受侵蚀后呈乳白色（图一〇三，1；彩版一二四，1）。

M11：46-1，"T"形坠，1件。上部为短圆管，下部为实心扁圆柱。长4.3、宽1.7厘米。

M11：46-2，心形坠，1件。上部为短圆管，下部为心形饰。长4.1、宽2.55厘米。

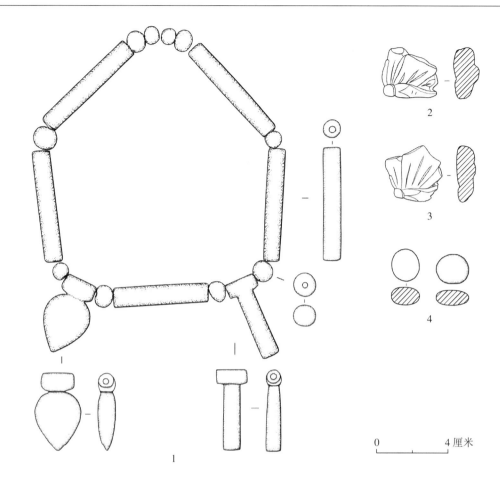

图一○三　M11 出土玉、石器

1. 项饰（M11：46）　　2、3. 琥珀饰（M11：78-1、78-2）　　4. 石围棋子（M11：56）

M11：46-3，管状饰，5 件。形制、粗细相当，长短略有不同。圆柱状，中间有穿孔。长 6、直径 0.95 厘米。

M11：46-4，玛瑙珠，10 件。大小不一，均有穿孔。

琥珀饰　2 件，形制、大小基本相同（彩版一二四，2）。M11：78-1，通体呈棕红色，雕刻成收起翅膀的蝴蝶，下部为虫身，上部为翅膀。背面未雕刻，背面和侧面有两对小缀孔。长 3.1、宽 2.5、厚 1.3 厘米（图一○三，2）。M11：78-2，长 3.2、宽 3、厚 1 厘米（图一○三，3）。

石围棋子　1 副。M11：56，圆形，饼状。黑棋子 82 枚，白棋子 70 枚，总计 152 枚（图一○三，4；彩版一二四，3）。

殉马坑

K1

位于墓地中部偏北，M6东侧，东南朝向M10。平面为圆角长方形，长约2.3、宽0.8、深约1.6米，方向23度。四壁陡直，坑底较平。坑内放置一匹整马，头北尾南。马骨保存较完好，未经扰动。填土为灰黄色，土质松软，夹杂碎石（图一〇四；彩版一二五，1）。

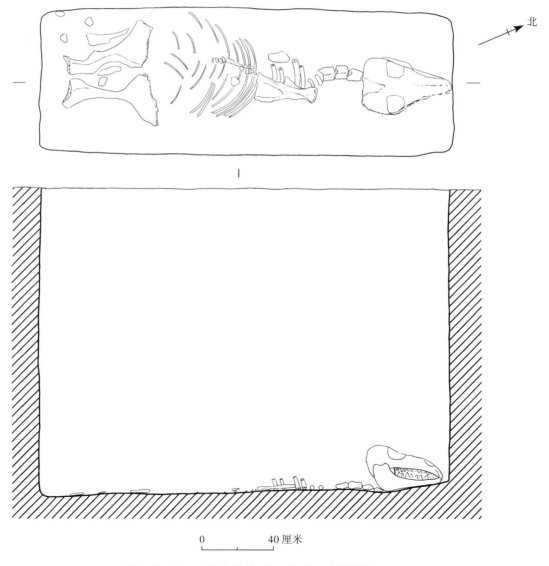

0   40厘米

图一〇四   一号殉马坑（K1）平、剖视图

K2

位于墓地东北部，M7 西侧，东南朝向 M8。平面为圆角长方形，长 2.2、宽 0.75、深约 0.45米，方向 10 度。四壁陡直，坑底随坡就势呈斜坡状。坑内放置一具马骨，头北尾南。马骨保存较差，但位置清楚，未被扰动。怀疑为一匹整马先被肢解，然后摆放在坑内（图一〇五；彩版一二五，2）。

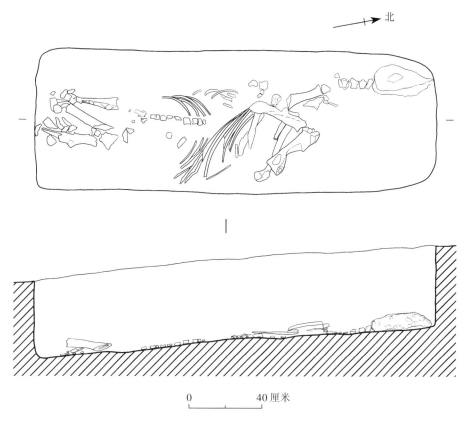

图一〇五　二号殉马坑（K2）平、剖视图

结　语

一　墓葬年代

凌源小喇嘛沟墓地共发掘 11 座墓葬，均没有出土墓志、题记、铭文等纪年物，这批墓葬的埋葬年代只能从墓葬形制、出土遗物等方面进行推断。

从墓葬形制上看，这 11 座墓葬较为统一，均为多边形墓室墓。有 10 座墓葬的主室平面为八角形，仅 1 座（M4）为六角形。墓室的建筑材料以木材为主，有 10 座墓葬的墓室用木枋筑成，仅 1 座为砖室墓（M6）。以木枋为筑墓的建筑材料，是这一墓地的显著特点之一。除了筑墓材料比较特殊之外，这批墓葬的形制结构、出土遗物与其他地区发现的辽代墓葬基本一致，因此判断它们属于辽代墓葬应毫无疑问，而且它们的墓葬形制特征也应符合辽代墓室墓的一般变化规律。研究表明，辽代墓室墓葬中多边形墓室最早出现于辽中期，流行于辽代晚期[1]。据此，可初步判断小喇嘛沟墓地的年代应属辽代中、晚期。

以下再从出土遗物方面，对每一座墓葬的年代进行具体分析和判断。

M1 出土遗物十分丰富，其中包括一些年代性较明确的随葬品，主要有：银鎏金面具、银质马鞍前桥包片和白瓷莲纹盖罐。

M1 主室石棺内出土了 2 件银鎏金面具（M3：74、75），男像、女像各 1 件。据统计，除民国初年被盗的耶律琮墓（979 年）[2]据传曾出土了 1 件金属面具以外，考古发掘出土的金属面具中，有明确纪年的、年代最早的是辽陈国公主墓（1018 年）出土的 2 件纯金面具[3]。考察考古发掘的、年代明确为辽代早期的大、中型契丹贵族墓葬，如通辽吐尔基山辽墓[4]、阿鲁科尔沁旗耶律羽之墓[5]、赤峰大营子驸马赠卫国王墓[6]、科右中旗代钦塔拉三号墓[7]等，它们有幸保存较为完好，出土遗物都很丰富，其中不乏贵重金属器，但均无金属面具出土。这一现象似乎说明，辽代早期墓葬中还没有采用金属面具的葬俗。因此，

[1] 董新林：《辽代墓葬形制与分期略论》，《考古》2004 年第 8 期。
[2] 李逸友：《辽耶律琮墓石刻及神道碑铭》，《东北考古与历史》1982 年第一辑。
[3] 内蒙古自治区文物考古研究所、哲里木盟博物馆：《辽陈国公主墓》，文物出版社，1993 年。
[4] 内蒙古自治区文物考古研究所：《内蒙古通辽市吐尔基山辽代墓葬》，《考古》2004 年第 7 期。
[5] 内蒙古文物考古研究所等：《辽耶律羽之墓发掘简报》，《文物》1996 年第 1 期。
[6] 热河省博物馆筹备处：《赤峰县大营子辽墓发掘报告》，《考古学报》1956 年第 3 期。
[7] 内蒙古文物考古研究所、辽中京博物馆：《科右中旗代钦塔拉辽墓清理简报》，《内蒙古文物考古文集》第二辑，中国大百科全书出版社，1997 年。

研究者一般认为金属面具在辽墓中出现的时间不早于辽代中期[1]。

　　辽墓中的金属面具，其形制也有发生、发展的演变过程。考古发掘出土的辽代金属面具绝大多数均为闭目形态，唯独只有陈国公主墓中出土的 2 件金面具为"双目圆睁"。我们推测这种"双目圆睁"的样式，为金属面具刚刚出现时的作品，这一时期尚未形成固定的规制。凌源小喇嘛沟 M1 出土的 2 件银鎏金面具，样式与陈国公主墓所出相同，均为双目圆睁，并特意对眼珠进行了刻画。这是见诸报道的辽代"双目圆睁"金属面具中的第二个例子。推测M1 的年代应与陈国公主墓相当，为辽代中期。

　　金属鞍桥包片是辽墓中较典型的随葬品，其形制在有辽一代不断发展变化，尤其是马鞍前桥包片，时代特征明显，具有断代意义[2]。M1 出土了 1 件银质马鞍前桥包片（M1：88），特征是：上顶横向较宽，纵向较窄，上缘略外鼓，下脚外张较大。根据相关类型学排比，其出现年代在辽代中期。总体形制与辽代早、晚期墓葬的出土品比较，区别明显，且与陈国公主墓所出的金属马鞍前桥包片比较接近。

　　M1 主室石棺之前出土了 2 件白瓷刻花莲纹盖罐（M1：68、69），它们也具有较强的时代特征。这两件盖罐胎质细白坚实，釉面莹润光泽，器形规整，纹饰清晰，烧造精工，应为北宋定窑产品。它们作为珍贵的舶来品，随葬于墓内。这种饰刻花重瓣仰莲纹的定窑白瓷罐，主要流行于北宋早期。两件白瓷罐的盖、肩和腹部遍饰刻花重瓣仰莲纹，这种纹饰起源于晚唐、五代以来的越窑和耀州窑青瓷，北宋早期为定窑所借鉴并广为流行[3]。辽墓中出土的饰刻花重瓣仰莲纹的瓷器，全部集中于辽代中期，11 世纪 50 年代之后基本不见。尤其是这种白瓷刻花莲纹盖罐，无论出土地在辽或是宋境内，其年代全部集中于辽圣宗一朝。如北京辽韩佚墓（997 年）[4]、河北定州净众院塔基（997 年）[5]、北京顺义净光舍利塔基（1013 年）[6]、辽陈国公主墓（1018年）、辽宁朝阳辽耿延毅墓（1020 年）[7]都出土了同类器。这一现象并非巧合，证明定窑白瓷刻花莲纹盖罐主要流行于这一时期。我们据此进一步判断 M1 的年代应为辽圣宗时期。

　　M2 出土遗物少，而且没有典型器物，墓葬年代暂不作推断。

　　M3 出土 2 件白釉绿彩鸡冠壶（M3：7、8），可作为断代依据。辽代鸡冠壶形制变化明显，出土数量多，研究比较深入，是辽墓中最理想的断代器物。这两件鸡冠壶形制相同，大小相近，其特征是：提梁式，体较高，有明显的颈部，下腹肥圆，矮圈足，器身饰仿皮条纹和圆饼状皮扣纹，但是仿皮条纹形式简化，并不具体逼真。形制与辽宁法库叶茂台 23 号墓[8]、彰武大沙力土 1 号墓[9]、喀左大三家村辽墓[10]出土器基本相同，墓葬年代应相近。根据研

［1］刘冰：《试论辽代葬俗中的金属面具及相关问题》，《内蒙古文物考古》1994 年第 1 期。

［2］冯恩学：《辽代契丹马具探索》，《考古学集刊》第 14 辑，文物出版社，2004 年。

［3］刘涛：《宋辽金纪年瓷器》，第 80 页，文物出版社，2004 年。

［4］北京市文物工作队：《辽韩佚墓发掘报告》，《考古学报》1984 年第 3 期。

［5］定县博物馆：《河北定县发现两座宋代塔基》，《文物》1972 年第 8 期。

［6］北京市文物工作队：《顺义县辽净光舍利塔基清理简报》，《文物》1964 年 8 期。

［7］朝阳地区博物馆：《辽宁朝阳姑营子辽耿氏墓发掘报告》，《考古学集刊》第 3 辑，中国社会科学出版社，1983 年。

［8］辽宁省文物考古研究所、沈阳市文物考古研究所：《辽宁法库县叶茂台 23 号辽墓发掘简报》，《考古》2010 年第 1 期。

［9］辽宁省文物考古研究所：《辽宁彰武的三座辽墓》，《考古与文物》1999 年第 6 期。

［10］喀左县博物馆：《辽宁喀左县出土辽代鸡冠壶》，《考古》1988 年第 9 期。

究者的类型学排比[1]，这种鸡冠壶的年代可准确推定为辽兴宗时期。

M4 出土的 2 件黄釉瓷鸡冠壶（M4：2、15）和较多的辽三彩器可用来断代。这两件鸡冠壶一高一矮，但形制基本相同，均为提梁式，捏环梁，圈足，器身无仿皮条纹。根据类型学排比，应属辽代晚期。宁城埋王沟萧孛特本墓（1081 年）[2]、义县清河门二号墓（1057 年）[3] 出土了相似器物。

辽三彩是一种具有地域特色的辽产陶瓷器，同时也具有鲜明的时代性。据统计，出土辽三彩最早的纪年墓葬是宁城埋王沟萧阖墓（1071 年）[4]。考古还发现了几座出土辽三彩的纪年墓葬，年代都在 1070 年之后。因此，学者们一般认为，辽三彩是辽代晚期禁止金银器随葬之后，用于替代金银器而专门烧造的一种明器，出现的时间可能要晚到 11 世纪 70 年代之后[5]。M4 墓室内出土了 5 件形制、纹饰、大小相同的辽三彩方盘（M4：12 等）和 1 件辽三彩大碗（M4：8），墓葬年代应在辽代晚期的较晚阶段。

M5 出土 2 件辽三彩海棠花式长盘（M5：3 等）和 8 件辽三彩方盘（M5：7 等）。辽三彩海棠花式长盘的内底印水波团莲纹，形制与敖汉旗羊山三号墓[6]所出相同。8 件辽三彩方盘与 M4 所出完全相同，几乎分不清是哪座墓所出。因此，M5 的年代应与 M4 相当，即1070 年之后。

M6 出土瓷器全部为青白瓷，器形有碗、碟、温碗等。青白瓷出现于辽墓始于辽代中期，目前发现最早的出土青白瓷的纪年墓是河北宣化姜承义墓（994 年）[7]。辽代中期墓葬出土的青白瓷，数量较少，器类单一，纹饰简单。11 世纪中叶以后，出土数量急剧增多，而且种类丰富，纹饰多样[8]。M6 所出土的青白瓷器中有 1 件斗笠形碗（M6：10），斜壁、小底、小而高的圈足，是辽代晚期出现的新样式。另有 1 件划花碗（M6：8），厚底、高足，内壁刻划繁复、流利的菊瓣纹，形制与阿鲁科尔沁旗温多尔敖瑞山辽墓[9]所出相近，也是辽代晚期的样式。还有 1 件花口温碗（M6：5），器形特殊，器表饰连续火焰纹，圈足外侧堆塑莲瓣纹，相似器见于河北宣化下八里Ⅱ区二号墓[10]和北宋安徽宿松吴正臣墓（元祐二年，1087 年）[11]，它们的年代均属辽晚期。总之，M6 的年代为辽代晚期。

M7 出土 1 件黄釉鸡冠壶（M7：1），提梁式，高体，捏环梁，圈足，无仿皮条纹。形制与 M4 出土的浅黄釉瓷鸡冠壶（M4：15）十分相近，按类型学排比，年代属辽代晚期。M7

[1] 冯恩学：《辽代鸡冠壶的类型学探索》，《北方文物》1996 年第 4 期；杨晶：《辽陶瓷器的分期研究》，《青果集》，知识出版社，1993 年；梁淑琴：《辽瓷的类型与分期》，《北方文物》，1994 年第 3 期。

[2] 内蒙古文物考古研究所、辽中京博物馆：《宁城县埋王沟辽代墓地发掘简报》，《内蒙古文物考古文集》第二辑，中国大百科全书出版社，1997 年。

[3] 李文信：《义县清河门辽墓发掘报告》，《考古学报》1954 年总第 8 期。

[4] 内蒙古文物考古研究所、辽中京博物馆：《宁城县埋王沟辽代墓地发掘简报》，《内蒙古文物考古文集》第二辑，中国大百科全书出版社，1997 年。

[5] 彭善国：《辽代陶瓷的考古学研究》，吉林大学出版社，2003 年。

[6] 邵国田：《敖汉旗羊山 1~3 号辽墓清理简报》，《内蒙古文物考古》1999 年第 1 期。

[7] 张家口市文物管理所、宣化文管所：《河北宣化辽姜承义墓》，《北方文物》1991 年第 4 期。

[8] 彭善国：《辽代陶瓷的考古学研究》，吉林大学出版社，2003 年。

[9] 赤峰市博物馆考古队、阿鲁科尔沁旗文物管理所：《赤峰市阿鲁科尔沁旗温多尔敖瑞山辽墓清理简报》，《文物》1993 年第 3 期。

[10] 张家口市宣化区文物保管所：《宣化下八里Ⅱ区辽壁画墓考古发掘报告》，文物出版社，2008 年。

[11] 王业友：《浅谈宿松县纪年墓出土的北宋青白瓷器》，《景德镇陶瓷》1984 年总第 26 期。

出土的 1 件铁马镫（M7：6），穿梁式，镫轮为圆角三角形，形制也与 M4 所出铁马镫（M4：9、10）相同。因此 M7 应与 M4 年代相当，为辽代晚期较晚阶段。

M8 出土了 3 件提梁式绿釉瓷鸡冠壶，它们高矮不等、肥瘦各异。其中 2 件（M8：9、10）为高体，捏环梁，圈足，器身无仿皮条纹，分别与墓地中 M4、M7 出土的 2 件鸡冠壶（M4：15、M7：1）相近，是辽晚期的形制。另 1 件鸡冠壶（M8：2）为中高体，捏环梁，圈足，器身无仿皮条纹，形制与阿鲁科尔沁旗柴达木墓[1]所出接近，也属辽代晚期。M8 出土 1 件铁质马衔镳（M8：20），为单孔式双节衔、大圆环式镳，是辽代晚期才开始流行的形制[2]。另外，M8 还出土了 5 件辽三彩圆盘（M8：7 等），如前文所述，其年代应为辽代晚期较晚阶段。

M9 出土遗物虽然较丰富，但是只有 1 件青白瓷碟（M9：13）和 1 件黄釉粗瓷盆（M9：4）具有一定的断代意义，试析如下。这件青白瓷碟为高圈足，薄底，形制与义县清河门二号墓（1057 年）、建平秦德昌墓（1078 年）[3]和宁城埋王沟萧阇墓（1071 年）所出相近，是辽代晚期的流行样式。黄釉粗瓷盆形制为宽平沿，折腹，矮圈足，与翁牛特旗解放营子辽墓[4]所出近似，与本墓地 M8 所出的黄釉瓷盆（M8：1）也较接近。据此，推测 M9 年代为辽代晚期。

M10 出土遗物较少，有 1 件黄釉粗瓷长颈瓶（M10：1）可作为断代依据。它的特征是：细束颈，瘦高体，下腹斜直。义县清河门四号墓[5]出土的 1 件长颈瓶与其形制类似，两者的肩部、腹部完全相同，仅 M10 长颈瓶的颈部内束更为明显，这代表其年代应更晚。义县清河门四号墓出土了 1 件单孔鸡冠壶，年代可较准确的推定为辽兴宗时期，那么 M10 的年代应略晚于辽兴宗朝，可能在辽道宗早期。

M11 出土遗物较丰富，其中银面具、白瓷鸡冠壶和铁马衔镳具有断代意义。M11 出土的银面具（M11：45）与 M1 类似，为十分少见的"双目圆睁"样式。如前文所述，其使用年代应在辽代中期。M11 出土 2 件白瓷鸡冠壶（M11：11、12），大小、形制相近，应为一对。特点是：提梁式，短粗流，体较高，有仿皮条纹，圈足。按类型学排比，年代比定为辽兴宗时期。同类器见于义县清河门一号墓（年代在辽兴宗重熙十三年即 1044 年之前）、法库叶茂台二号墓[6]。M11 还出土 1 件铁质马衔镳（M11：41），为垂交复孔式衔、圆环式镳，形制与喀左北岭四号墓[7]所出相同，流行年代也在辽兴宗时期[8]。综合以上，M11 的年代应属辽兴宗时期。

总结以上，凌源小喇嘛沟墓地年代最早的墓葬是 M1，为辽圣宗时期；其次是 M3 和 M11，为辽兴宗时期；再次为 M4、M5、M6、M7、M8、M9 和 M10，都为辽代晚期。属辽晚

［1］齐晓光：《阿鲁科尔沁旗柴达木辽墓》，《内蒙古文物考古》1986 年第 1 期。
［2］冯恩学：《辽代契丹马具探索》，《考古学集刊》第 14 辑，文物出版社，2004 年。
［3］李波：《建平三家乡秦德昌墓清理简报》，《辽海文物学刊》1995 年第 2 期。
［4］翁牛特旗文化馆等：《内蒙古解放营子辽墓发掘简报》，《考古》1974 年第 4 期。
［5］李文信：《义县清河门辽墓发掘报告》，《考古学报》1954 年总第 8 期。
［6］冯永谦：《法库叶茂台辽墓》，《东北考古研究（一）》，中州古籍出版社，1994 年。
［7］武家昌：《喀左北岭辽墓》，《辽海文物学刊》1986 年第 1 期。
［8］冯恩学：《辽代契丹马具探索》，《考古学集刊》第 14 辑，文物出版社，2004 年。

期的 7 座墓葬中，M10 相对较早，为道宗早期；M4、M5、M7、M8 相对较晚，为道宗晚期，可能在 1070 年之后；M6 和 M9 的年代相对较模糊，只能笼统断定为辽代晚期。M2 出土遗物少且无典型器，年代暂不作推断。

二　墓主人族属及身份

辽朝是由契丹族建立的多民族王朝，契丹族为主导民族，占统治地位。辽朝统治中心区之内还生活着大量汉人、渤海人和奚人，他们与契丹族一起构成了辽朝的基本民族。此外，辽朝统治中心的周边还散布着总人口数量较少的女真、突厥、吐谷浑、党项、回鹘、阻卜、敌烈、乌古、室韦等族。

目前考古发现的辽代墓葬，按民族属性一般只区分为契丹墓和汉人墓两大类。奚族与契丹族"异种同类"，两者经济生业方式、文化传统和生活习俗都十分相近。在考古资料中，很难将两者加以明确区分。渤海人的汉化程度很深，生业方式和文化习俗与汉族接近，也存在这一问题。因此，在没有文字资料等确凿证据的情况下，无法把奚人遗存从契丹遗存中区分出来，我们对凌源小喇嘛沟墓地族属的判断也不例外。

凌源小喇嘛沟墓地 11 座墓葬，分布集中，排列有序，彼此无打破关系，说明这是一处经过人工统筹安排、精心布局的墓地。再考虑到以往发掘有墓志可证的辽代墓群，无论是汉人墓地还是契丹族墓地，均为一个大家族集中葬于一处。因此，我们推断这 11 座墓也属于辽代的同一个家族。关于他们的族属，可从葬俗和出土遗物两方面分析。

小喇嘛沟墓地最突出的葬俗之一就是殉牲，发掘的 11 座墓葬中大多数有殉牲现象。列举如下：M2 墓道内殉葬一个牛头、一串牛尾和多具牛小腿及牛蹄；M3 墓道内殉葬一个马头；M5 墓道内殉葬两条动物下肢；M6 墓道内殉葬一个马头、两副动物腿；M7 墓道内殉葬一匹整马，墓室顶部之上殉葬一只整狗；M9 墓道内殉葬一个马头、一副牛小腿和一副马小腿；M11 墓道内殉葬一个马头。M8 和 M10 墓内未发现动物骨骼，但在它们的西北部约 17 米处，各有一个殉葬坑，坑内均葬一匹整马。根据方位和距离，我们认为这两座单独的殉马坑，应分别与 M8 和 M10 对应。

殉牲是游牧民族的传统，古代北方草原民族如匈奴、鲜卑、突厥、契丹等都有殉牲的葬俗。契丹族长期游牧于西拉木伦河和老哈河流域，建国之后也没有放弃传统的游牧生活方式。《辽史》卷三十二《营卫志》记载辽代契丹人仍然"畜牧畋渔以食，皮毛以衣，转徙随时，车马为家"。马、牛、羊以及狗一直是契丹人的生产资料和伙伴，这些动物对于契丹人的生产、生活和心理都具有重大意义，因此契丹人以马、牛、羊以及狗殉葬就不难理解。

契丹殉牲之俗盛行，尤喜杀马为殉，这对辽朝的国防和社会生产都造成了严重破坏，随着佛教思想和儒家文化的影响逐步加深，从辽圣宗开始，辽廷屡屡颁布诏令，禁止丧祭之礼杀生。《辽史》记载，辽圣宗统和十年（992 年）正月丁酉，"禁丧葬礼杀马"；辽兴宗重熙十一年（1042 年）十二月丁卯，"禁丧葬杀牛马及藏珍宝"；辽兴宗重熙十二年（1043 年）六月丙午，"诏世选宰相、节度使族属及身为节度使之家，许葬用银器；仍禁杀牲以祭"[1]。

---

[1]《辽史》卷十三《圣宗四》；《辽史》卷十九《兴宗二》。

这些禁令恰好反证了当时殉牲之盛。考古资料中也发现了关于辽代殉牲的文字记录，1958 年发掘的赤峰大营子驸马赠卫国王墓，出土的墓志盖上刻有 9 行小字，载"白马一匹，骢马一匹，骠尾黑大马一十匹，小马廿一匹，牛三十五头，羊三百五十口"，记录的正是该墓殉牲的数量，用牲量之大，到了惊人的地步。

与文献记载不同的是，考古发掘的大量契丹墓葬中，报道有殉牲现象的墓例仅有 10 多座。这需要引起考古发掘者的重视，在发掘现场需更加仔细的观察。已报道的墓例及殉牲状况主要有：内蒙古霍林郭勒市辽墓[1]，墓主人周边有一个羊头、一个羊肩胛骨、一块羊腕骨；科右中旗双龙岗 M2[2]，墓室内随葬一具马头骨；辽宁建平张家营子辽墓[3]，墓室内有完整的羊头和角；朝阳前窗户辽墓[4]，东耳室出土羊牙和羊下颌骨；喀左北岭 M4，墓道中发现了马头骨和四肢骨；敖汉范杖子 M101[5]，墓道填土中发现一具马骨架，墓门西侧上方有一个羊头；凌源温家屯 M2[6]，墓道内出有马头骨和四肢骨；法库萧袍鲁墓（1090 年）[7]，东耳室出土一具完整狗骨架，墓门外出有牛骨和马牙。它们包括了辽代早、中、晚各个时期，其中既有大型墓，又有中、小型墓葬，说明殉牲之俗贯穿于整个辽代，并流行于契丹族各阶层。

凌源小喇嘛沟墓地发现大量殉牲，尤其是首次发现了单独的殉马坑，充分证明墓地的主人属契丹族。除此之外，墓地还出土了一批具有契丹民族特色的遗物，如金属葬服、带心形坠和"T"形坠的项链、陶瓷鸡冠壶、蹀躞带（带蹀躞的腰带具）、金属马具和兵器等，它们是判断墓地主人族属的重要旁证。

金属葬服是辽代契丹人独具特色的葬俗，包括面具、网络和靴底。凌源小喇嘛沟 M1 出土 2 件鎏金银面具，M5 出土 1 件铜面具，M6 出土若干铜丝网络碎片，M7 出土 1 件铜靴底，M11 出土 1 件银面具。契丹贵族以金属面具、网络为葬，有文献可征。北宋的文惟简《虏廷事实》载："（契丹）其富贵之家，人有亡者，以刀破腹，取其肠胃涤之，实以香药盐矾，五彩缝之。又以尖苇筒刺于皮肤，沥其膏血且尽，用金银为面具，铜丝络其手足。耶律德光之死，盖用此法，时人目为帝杷，信之有也。"[8]这种葬俗仅限于契丹贵族，辽代汉人（契丹化的汉官除外）不用此法，我国古代其他民族中也不见此习俗。小喇嘛沟墓地集中出土了一批金属葬服，说明这一葬俗在该墓地的普遍性。

带心形坠、"T"形坠的项链是契丹族独有的一种项饰，契丹人墓葬中多有发现。凌源小喇嘛沟墓地 M1 出土心形坠 1 枚，M8 出土心形坠和"T"形坠各 1 枚，M11 出土 1 副较完整的带有 1 枚心形坠和 1 枚"T"形坠的项饰。研究者认为，心形坠和"T"形坠可能来源于遥远而古老的希腊或北欧地区，而不见于中国历史上辽文化圈之外的其他时代、地区和民

［1］哲里木盟博物馆：《内蒙霍林郭勒市辽墓清理简报》，《北方文物》1988 年第 2 期。
［2］内蒙古文物考古研究所：《科右中旗双龙岗辽墓》，《内蒙古文物考古》1997 年第 1 期。
［3］冯永谦：《辽宁省建平、新民发现的三座辽墓》，《考古》1960 年第 2 期。
［4］靳枫毅：《辽宁朝阳前窗户村辽墓》，《文物》1980 年第 12 期。
［5］内蒙古自治区文物工作队：《敖汉旗范仗子辽墓》，《内蒙古文物考古》总第 3 期。
［6］冯永谦、韩宝兴：《凌源温家屯发现的辽代契丹人墓葬》，《辽金契丹女真史研究动态》1984 年第 2 期。
［7］冯永谦：《辽宁法库前山辽萧袍鲁墓》，《考古》1983 年第 7 期。
［8］陶宗仪：《说郛》卷五五，宛委山堂本，《说郛三种》，上海古籍出版社，1988 年。

族[1]，因此，这种项饰是契丹文化特性鲜明的一种遗物。

陶瓷鸡冠壶、蹀躞带、金属马具和兵器也体现了墓主人的契丹民族属性。陶瓷鸡冠壶是最具草原特色的陶瓷器，代表了契丹国俗[2]，一般只见于辽代契丹墓葬。在辽代，蹀躞带是契丹人日常服饰的一部分，一般只有契丹人才系束[3]。金属马具和兵器也是契丹墓葬中常见的随葬品，代表了契丹族的游牧传统和尚武精神。上述这些遗物大量出土于凌源小喇嘛沟墓地，如 M3、M4、M7、M8、M11 出土了形制各异的鸡冠壶，M3、M4、M5、M8、M11出土了蹀躞腰带，M1、M3、M4、M5、M6、M7、M8、M9、M10、M11 都出土了金属马具或兵器。

综上所述，凌源小喇嘛沟墓地是一个契丹贵族家族墓地，应无疑义。

墓主人的身份、地位体现在墓葬结构、规模和随葬品几个方面。凌源小喇嘛沟墓地发掘的 11 座墓葬，虽然同属一个契丹贵族家族，但是各墓结构、规模和随葬品差异明显，显然有等级差别。M1 是整个墓地中唯一的一座多室墓，墓葬规模最大，出土随葬品最丰富，且有大量金银器随葬，与其他诸墓相比，M1 明显胜出一等，整个墓地无疑以 M1 等级为最高。其余 10 座墓葬均为单室墓，墓葬规模相当，随葬品中罕见金银制品，它们之间看不出明显差异，可视为同一等级。

上文已分析，凌源小喇嘛沟 M1 与辽陈国公主墓（1018 年）年代比较接近，不仅如此，两座墓葬在形制结构、出土遗物方面也有诸多相似之处，下面将两者加以对比，以陈国公主墓为参照，推断 M1 墓主人的身份、地位。

墓葬形制上，两墓均为一主室、两耳室带长墓道的多室墓。陈国公主墓主室为圆形，直径 4.38 米，耳室也为圆形，直径 1.62 米；M1 主室为八角形，宽 3.65、进深 3.57 米，耳室为长方形，长 1.45、宽 1.2 米。可见陈国公主墓的规模略大于 M1。出土遗物方面，两座墓中都出土了 2 件金属面具（男、女像各 1 件），陈国公主墓材质为纯金质，等级高于 M1 出土的银鎏金面具。然而，银鎏金面具也代表了很高的等级，材质上仅次于金质面具。在见诸报道的考古发掘出土的 30 多件辽代金属面具中，也是唯一一例，其余面具均为银质、铜鎏金或铜质。M1 出土了 2 件鎏金银冠，男、女冠各 1 件，样式和材质与陈国公主墓所出完全相同。M1 出土了一批银质器皿，包括长盘、渣斗、执壶、碗、钵、杯等，在已发掘的辽墓中也是十分罕见的发现。同类器物，陈国公主墓中也有出土，器类和器形也基本相同，但是 M1 所出银器的数量和质量都不及陈国公主墓。另外陈国公主墓还出土了较多珍贵的玉器、琥珀饰、玻璃器等，这些在 M1 中都不见。以上分析说明，M1 墓主人生前的身份和地位应略低于公主一级，但高于一般节度使或普通契丹贵族，应相当于重要节度使一级或高级贵族家族的重要成员。

其余 10 座墓葬，等级明显低于 M1。从出土遗物来看，M11 出土了银面具、银冠和银鞍具，等级高于出土铜面具的 M5，可见它们之间也有差别。但是，总体来说差别不大，推测

［1］许晓东：《辽代璎珞及其盛行原因的探讨》，《辽金历史与考古》第 1 辑，辽宁教育出版社，2009 年。
［2］彭善国：《辽代陶瓷的考古学研究》，吉林大学出版社，2003 年。
［3］李逸友：《辽代带式考实——从陈国公主驸马合葬墓出土的腰带谈起》，《文物》1987 年第 11 期。

它们的墓主人身份应为一般节度使或高级贵族家族的普通成员。

凌源小喇嘛沟墓地西南约 4 千米有一座辽代城址，地属凌源市城关镇十五里堡村十八里堡屯，人称十八里堡城址，经考证为辽代榆州城[1]。墓地与城址相距不远，推测两者之间可能有一定联系。《辽史》卷三十九《地理志三》载："榆州……太宗南征，横帐解里以所俘镇州民置州。开泰中没入。"榆州属辽中京道辖郡，原为头下州，后变为行政州。辽代高级契丹贵族家族各有牧地，牧地上置头下州，家族墓地多在家族牧地内。推测凌源小喇嘛沟墓地可能与横帐解里家族有关，或许就是其后代。

三 墓地布局

契丹贵族墓地布局是学界关注的问题，但局限于考古资料，研究并不充分。凌源小喇嘛沟墓地发掘墓葬数量多，族属明确，每座墓葬的埋葬年代也比较清晰，是不可多得的研究契丹贵族墓地布局的考古资料。

整个墓地 M1 年代最早，为圣宗时期，等级也最高。M3 和 M11 年代稍晚，为兴宗时期，其位置在 M1 两侧。其余墓葬（M2 除外）属辽代晚期，年代相对较早的 M10 接近墓地中部，紧邻 M1；年代相对较晚的 M4、M7 和 M8，位于最墓地外侧，距离 M1 较远。

分析各墓葬年代和它们之间的相对位置关系，可以发现凌源小喇嘛沟墓地布局的确存在一定的分布规律，即：以 M1 为中心，其余墓葬以年代早晚为序，围绕 M1 依次而葬。其中 M1、M2、M3、M4 和 M11 为第一排，除了位于最外侧的 M4 外，是最早葬入的一批墓葬；M7、M8、M9 和 M10 为第二排，是稍晚埋葬的墓葬，M4 与它们同时；M5 和 M6 各自单独成排，位置比较突兀，应为最晚加入到墓地中来。如果以上判断无误，M2 的年代应晚于 M1 而早于 M3，属辽中期。

这种以一座高等级墓葬为中心，其余墓葬围绕中心墓葬，横向一字排开、依次而葬的墓地布局方式，在已发掘的辽墓资料中，还可以找出两个例子。

一处是内蒙古宁城埋王沟墓地。墓地位于一座南北走向山脉的东南隅，南、北、西三面为山岭环抱，东南向外开敞，墓地方向坐西北朝东南。1993 年发掘的 4 座墓葬，东北—西南排成一线，上下略有参差。墓葬编号从东北起，依次为 M1~M4。M1 为一座八角形单室墓，全长 23.5 米；M2 为一座圆形单室墓，全长 22.5 米；M3（即萧闉墓）为一座主室八角形、耳室方形的多室墓，全长 39.5 米；M4（即萧孛特本墓）为一座主室八角形、耳室方形的多室墓，全长 28 米。M1、M2 无纪年和断代遗物，具体年代不明。可以明确的是，M3 在 4 座墓葬中规模最大，年代早于 M4。发掘者推断宁城埋王沟墓地"当以 3 号墓为主"，并且推测"1 号、2 号墓的成墓年代当在咸雍至大康年间"。这种对墓地布局的推断与凌源小喇嘛沟墓地的布局基本相同。

另一处是辽宁建平耶律霞兹墓地[2]。墓地位于一个南北走向的山洼内，东、西、北三

---

［1］冯永谦：《辽宁地区辽代建置考述》（下），《辽海文物学刊》1987 年第 1 期。
［2］韩宝兴、李宇峰：《辽宁建平县丰山村辽耶律霞兹墓地发掘简报》，《辽金历史与考古》第 1 辑，辽宁教育出版社，2009 年。

面环山，南面为谷口。墓地中已发现十余座墓葬，均为坐北朝南。1991 年清理了其中 4 座，由东至西一字排列，墓葬编号依次为 M1~M4。M1 即耶律霞兹墓，为一座石筑圆形单室墓，主室直径约 4 米；M2 为一座砖筑圆形单室墓，主室直径 5 米；M3 为一座砖、石混筑的方形多室墓，主室平面方形，边长 4.7 米，耳室平面为长方形；M4 是一座石筑圆形单室墓，主室直径 3.5 米。这 4 座墓葬中，M3 是唯一的多室墓，而且主室边长达 4.7 米，推测它是这一组墓葬中的中心墓。M2、M3 和 M4 皆被盗，无断代遗物，但是据墓葬形制判断，M3 年代应早于其余 3 座圆形单室墓。可见这一组 4 座墓葬也是以年代最早、等级最高的 M3 为中心，其余墓葬依次排列成排。

辽代契丹贵族家族墓地的布局方式，当然不只有上述一种。考察已发掘的著名辽代契丹贵族家族墓地，如阜新关山萧和族墓、阜新清河门萧慎微族墓、北票莲花山耶律仁先族墓[1]、阿鲁科尔沁旗朝克图东山耶律祺族墓等，都不符合这种规律。有研究者认为，辽代契丹贵族墓地是"以起首右侧突出的位置为尊，其余墓地、墓位按此顺序排列"[2]。这反映了一部分契丹贵族墓地的布局规律，但是显然也不能囊括全部。因此，关于辽代契丹家族墓地的布局问题，有待考古资料逐渐丰富后，继续深入研究。

---

［1］冯永谦：《发掘北票莲花山辽耶律仁先族墓的收获》，《辽金契丹女真史研究动态》1984 年第 1 期。
［2］刘冰、马凤磊、赵国栋：《赤峰阿旗罕苏木苏木辽墓清理简报》，《内蒙古文物考古》1998 年第 1 期。

附　录

小喇嘛沟辽墓 M1 出土银器检测报告

柏艺萌　肖俊涛

　　1994年，辽宁省文物考古研究所对凌源市城关镇八里堡村的小喇嘛沟辽墓群进行了发掘，其中一号墓保存较完好，并出土了大量文物，具有极高的历史、艺术与研究价值。尤其是出土的 40 件（套）银器，造型独特，做工精美，充分彰显了墓主人的身份和地位。之前对辽代银器的研究大多侧重于器形与纹饰特征的历史考古学研究，对其显微结构、材质工艺等方面的科学研究可谓凤毛麟角，本文采用现代科技手段对小喇嘛沟辽墓 M1 出土银器进行了检测分析，为更好地揭示和认识辽代金属技术特征提供了宝贵资料。

一　样品信息

　　本研究采用取样分析的方法，原则上对器形保存完好、没有破损的器物不予取样；对已经破损的器物，如有碎片，则选择较小的、不影响器物修复的碎片进行取样；如没有碎片，则在不影响器物本体形貌的前提下，在器物残损处尽可能小地取样。因为 M1 出土银器类型丰富，制作技术水平具有代表性，遂从中选取了 17 件器物，并制得样品 19 个，器物种类按使用功能可分为葬具、服饰、马具、饮食器皿和装饰品，基本涵盖了辽代银器的主要类别。样品具体情况见表 1。

表 1　小喇嘛沟辽墓 M1 出土银器样品信息表

器物类别	器物名称	器物编号	样品编号	取样部位	样品描述
葬具	银鎏金冠	M1：76	SZ1	银冠碎片	片状；表面呈暗金黄色，有黑色锈蚀；断口呈银白色
	银鎏金下颌托	M1：78	SZ2	下颌托残片	片状；表面布满黑色锈蚀；断口呈银白色
	银鎏金面具	M1：75a	SZ3	面具右额处碎片	片状；正面呈金黄色，背面有黑色锈蚀；断口呈银白色
	穿面具用银丝	M1：75b	SZ4	银丝残段	块状；表面布满黑色锈蚀；断口呈银白色

器物类别	器物名称	器物编号	样品编号	取样部位	样品描述
服饰	穿球状饰用银丝	M1：81	SF1	银丝残段	块状；表面布满黑色锈蚀；断口呈银白色
	银鎏金管状饰	M1：84	SF2	管身残损处	片状；正面呈金黄色，背面有黑色锈蚀；断口呈银白色
	银鎏金捍腰	M1：89	SF3	银捍腰中间缺损处碎片	片状；正面呈暗金黄色，背面有黑色锈蚀；断口呈银白色
	银独角兽纹腰带具	M1：113	SF4	带扣扣板碎片	片状；正面呈暗金黄色，背面有黑色锈蚀；断口呈银白色
饮食器皿	银圈足碗	M1：94-1	SQ1	碗身残损处	片状；表面呈银色，有黑色锈蚀；断口呈银白色
	银圈足碗	M1：94-2	SQ2	碗身残损处	片状；表面呈银色，有黑色锈蚀；断口呈银白色
	银执壶	M1：95	SQ3	壶盖残损处	片状；表面呈银色，有黑色锈蚀；断口呈银白色
马具	银马鞍前桥包片	M1：88	SM1	底部残损处	片状；表面呈暗金黄色，有少量黑色锈蚀；断口呈银白色
	银鹦鹉纹马带具	M1：7-3	SM2	椭圆形牌饰碎块	块状；牌饰表面呈暗金黄色，有黑色锈蚀；断口呈银白色
	银鹦鹉纹马带具	M1：7-1	SM3	"凸"字形节约残片	片状；表面呈暗金黄色，有黑色锈蚀；断口呈银白色
	银卷草纹马带具	M1：82-5	SM4	圭形牌饰残片	片状；表面呈暗金黄色，有黑色锈蚀；断口呈银白色
	银鸳鸯纹马带具	M1：83	SM5	长方形牌饰残片	片状；表面呈暗金黄色，有黑色锈蚀；断口呈银白色
	铁马衔镳	M1：8	SM6	衔镳银皮碎片	片状；表面呈银色，有黑色锈蚀；断口呈银白色
装饰品	如意形银牌饰	M1：85	SS1	边缘残损处	片状；表面呈银色，有黑色锈蚀；断口呈银白色
	银鎏金盘龙戏珠纹泡饰	M1：86	SS2	泡饰残损处	片状；表面呈银色；断口呈银白色

二　金相分析

金相样品制备方法如下：首先对银器样品截面进行镶样、磨光、抛光，然后用硫酸、重铬酸钾、氯化钠配制成的溶液以 1 比 9 的比例用蒸馏水稀释后浸蚀。采用 Olympus Vanox、Leica DMLM 金相显微镜和 Leica 4000 光学显微组织分析系统，对 18 件样品的金相显微组织逐一进行观察和鉴定并拍摄金相照片，结果详见表 2。

三　成分分析

经金相检验过的所有样品经喷碳处理使之导电，用扫描电子显微镜进行观察，并用与之相配的 X 射线能谱仪进行化学成分分析，分析方法为无标样定量分析法；所用扫描电子显微镜为蔡司（ZEISS）EV018 高分辨扫描电镜，BRUKER XFlash Detector 5010 型能谱仪；加速电压为 20keV，测量时间大于 60s。一般对每个样品的 2 到 3 个部位进行面扫描分析，取平均值作为该样品的成分，分析结果见表 3。

表 2　小喇嘛沟辽墓 M1 出土银器样品金相检测结果

样品编号	器物名称	金相组织	制作工艺	图示
SZ1	银鎏金冠	基体组织为等轴晶及少量孪晶，基体内有不均匀分布的铅颗粒，表面有鎏金层	热锻、双面鎏金	
SZ2	银鎏金下颌托	基体组织为等轴晶及孪晶，晶粒大小不均匀，晶内可见滑移带，表面有鎏金层	热锻后冷加工、双面鎏金	彩版一二六，1
SZ3	银鎏金面具	基体组织为等轴晶及少量孪晶，表面有鎏金层	热锻、鎏金	
SZ4	穿面具用银丝	基体组织为等轴晶及孪晶，边缘处的晶粒扭曲变形，晶内孪晶带不平直	热锻后冷加工	彩版一二六，2
SF1	穿球状饰用银丝	基体组织为等轴晶及孪晶，晶粒扭曲变形	热锻后冷加工	
SF2	银鎏金管状饰	基体组织为等轴晶及少量孪晶，表面有鎏金层	热锻、鎏金	
SF3	银鎏金捍腰	基体组织为等轴晶及少量孪晶，鎏金层较厚（局部可达 62 微米）	热锻、鎏金	
SF4	银独角兽纹腰带具	基体组织为等轴晶及少量孪晶，晶粒大小不均匀	热锻、双面鎏金	彩版一二六，3
SQ1	银圈足碗	基体组织为等轴晶及少量孪晶	热锻	彩版一二六，4
SQ2	银圈足碗	基体组织为等轴晶及少量孪晶	热锻	彩版一二六，5
SQ3	银执壶	基体组织为等轴晶及少量孪晶	热锻	
SM1	银马鞍前桥包片	基体组织为等轴晶，晶粒细小，基体内的夹杂物沿加工方向拉伸为条状，鎏金层较厚（局部可达 41 微米）	热锻、鎏金	彩版一二六，6
SM2	银鹦鹉纹马带具	钉身基体组织为条纹状纤维组织，说明加工变形量较大，牌饰表面鎏金层较厚（局部可达 26 微米）	热锻、鎏金	
SM3	银鹦鹉纹马带具	基体组织为等轴晶及少量孪晶	热锻、鎏金	
SM4	银卷草纹马带具	基体组织为等轴晶及少量孪晶，晶粒大小不均匀，靠近鎏金层的晶粒较细小	热锻、鎏金	
SM5	银鸳鸯纹马带具	基体组织为等轴晶及少量孪晶，表面有鎏金层	热锻、鎏金	
SS1	银如意形牌饰	基体组织为等轴晶及少量孪晶	热锻	
SS2	银鎏金盘龙戏珠纹泡饰	基体组织为等轴晶及少量孪晶	热锻	

表 3　小喇嘛沟辽墓 M1 出土银器成分分析结果

样品编号	分析部位	扫描方式	元素含量（wt.%）						合金类型
			Ag	Au	Cu	Hg	O	其他	
SZ1	银基体	面扫	96.52	1.04	2.44	—	—	—	Ag–Cu（Au）
	鎏金层	微区面扫	13.62	70.97	—	15.41	—	—	Au–Hg–Ag
	夹杂物 1		78.19	—	—	—	7.44	Fe 2.23，Ni 6.87，Zn 1.95，Pb 3.33	
	夹杂物 2		57.78	—	1.46	—	6.54	P 2.92，Ca 1.00，Pb 30.30	

样品编号	分析部位	扫描方式	元素含量（wt.%）						合金类型
			Ag	Au	Cu	Hg	O	其他	
SZ2	银基体	面扫	96.12	1.15	2.73	—	—	—	Ag–Cu（Au）
	鎏金层	微区面扫	10.32	70.95	—	18.73	—	—	Au–Hg–Ag
	鎏金层外灰色部分		20.49	63.60	—	15.92	—	—	
	夹杂物		89.92	—	8.73	—	—	S 1.35	
SZ3	银基体	面扫	94.62	1.10	4.28	—	—	—	Ag–Cu（Au）
	鎏金层	微区面扫	15.22	74.18	—	10.60	—	—	Au–Hg–Ag
	鎏金层与银交界		77.40	3.05	1.12	18.43	—	—	
SZ4	银基体 1	面扫	99.36	—	0.64	—	—	—	Ag–Cu
	银基体 2		99.15	0.20	0.65	—	—	—	Ag–Cu（Au）
SF1	银基体	面扫	98.44	0.68	0.88	—	—	—	Ag（Cu Au）
	夹杂物 1	微区面扫	82.32	—	—	—	6.17	Si 11.51	
	夹杂物 2		64.72	—	—	—	—	Si 35.28	
SF2	银基体	面扫	96.03	—	3.94	—	—	—	Ag–Cu
	鎏金层 1	微区面扫	34.78	40.84	—	24.38	—	—	Au–Hg–Ag
	鎏金层 2		28.84	45.04	—	26.12	—	—	Au–Hg–Ag
	夹杂物 1		32.98	—	52.94	—	—	S 14.08	
	夹杂物 2		59.93	—	—	—	12.20	Zn 27.87	
	夹杂物 3		51.38	—	39.65	—	—	S 8.97	
SF3	银基体 1	面扫	96.68	0.69	2.63	—	—	—	Ag–Cu（Au）
	银基体 2		96.46	0.88	2.66	—	—	—	Ag–Cu（Au）
	鎏金层	微区面扫	7.43	75.58	—	16.99	—	—	Au–Hg–Ag
	鎏金层与银交界		60.74	5.16	—	34.10	—	—	Au–Hg–Ag
	夹杂物 1		23.26	—	59.06	—	17.68	—	
	夹杂物 2		46.50	—	37.96	—	15.54	—	
SF4	银基体 1	面扫	96.15	0.56	3.29	—	—	—	Ag–Cu（Au）
	鎏金层	微区面扫	29.48	57.40	—	13.12	—	—	Au–Hg–Ag
	鎏金层内银		98.47	—	1.17	0.36	—	—	Cu–Hg–Ag
	鎏金层内银黑色		39.07	—	50.28	1.83	8.82	—	
	鎏金层内银灰色		50.10	—	32.24	1.98	15.68	—	
	银内黑		97.13	—	2.87	—	—	—	
	银内灰		61.91	—	30.69	—	—	S 7.40	
SQ1	银基体	面扫	95.18	1.20	3.62	—	—	—	Ag–Cu（Au）
	夹杂物	微区面扫	11.30	—	79.88	—	8.81	—	
SQ2	银基体	面扫	96.04	—	3.96	—	—	—	Ag–Cu
	夹杂物	微区面扫	30.95	—	10.60	—	8.28	Pb 50.17	

续表 3

样品编号	分析部位	扫描方式	元素含量（wt.%）						合金类型
			Ag	Au	Cu	Hg	O	其他	
SQ3	银基体	面扫	95.44	0.65	3.92	—	—	—	Ag–Cu（Au）
	夹杂物 1	微区面扫	53.47	—	38.89	—	—	S 7.64	
	夹杂物 2		46.13	—	41.38	—	—	S 7.55，Fe 1.80，Zn 3.14	
SM1	银基体	面扫	94.19	0.16	5.65	—	—	—	Ag–Cu（Au）
	鎏金层 1	微区面扫	40.18	20.51	—	39.31	—	—	Au–Hg–Ag
	鎏金层 2		18.62	56.15	—	25.23	—	—	Au–Hg–Ag
	夹杂物 1		77.84	—	8.98	—	9.07	C 4.10	
	夹杂物 2		72.80	—	16.21	—	10.98		
SM2	牌饰基体 1	面扫	95.16	0.30	4.54	—	—	—	Ag–Cu（Au）
	牌饰基体 2		95.68	0.26	4.06	—	—	—	Ag–Cu（Au）
	牌饰基体 3		95.31	0.49	4.20	—	—	—	Ag–Cu（Au）
	鎏金层	微区面扫	15.01	71.74	—	13.25	—	—	Au–Hg–Ag
	鎏金层内黑点		25.87	38.88	—	—	17.63	Ca 17.62	
	牌饰锈蚀		90.80	—	—	—	—	Al 3.34，Cl 5.86	
	钉身基体	面扫	96.96	—	3.04	—	—	—	Ag–Cu
	钉身夹杂 1	微区面扫	58.91	—	1.72	—	15.74	Fe 1.88，Zn 21.75	
	钉身夹杂 2		51.23	1.67	35.52	—	11.59		
	交界 1	微区面扫	95.06	—	4.94	—	—	—	Ag–Cu
	交界 2		89.44	3.70	2.11	—	4.14	Al 0.61	
	交界 3		88.37	3.52	2.31	—	5.81	—	
	交界 4		95.24	1.31	3.44	—	—	—	Ag–Cu（Au）
SM3	银基体	面扫	96.94	—	3.06	—	—	—	Ag–Cu
	鎏金层	微区面扫	21.40	59.47	—	19.13	—	—	Au–Hg–Ag
	鎏金层与银交界		31.03	44.41	—	24.56	—	—	Au–Hg–Ag
	夹杂物		63.37	—	36.63	—	—	—	Ag–Cu
SM4	银基体	面扫	94.92	0.74	4.34	—	—	—	Ag–Cu（Au）
	鎏金层	微区面扫	10.16	78.49	—	11.35	—	—	Au–Hg–Ag
	鎏金层外灰色部分		80.77	—	—	—	4.43	S 11.49，Fe 3.30	
	鎏金层间灰色部分		86.70	—	—	1.05	—	S 9.38，Fe 2.87	
	鎏金层内灰色部分		95.34	—	—	4.66	—	—	
	夹杂物 1		65.47	—	27.12	—	—	S 7.41	
	夹杂物 2		45.30	—	10.73	—	—	S 3.04，Fe 1.87，Zn 39.05	
	银内腐蚀		95.30	—	4.70	—	—	—	
SM5	银基体	面扫	95.63	2.64	1.73	—	—	—	Ag–Cu（Au）
	鎏金层	微区面扫	10.44	74.00	—	15.56	—	—	Au–Hg–Ag
	鎏金层与银交界		60.38	3.08	—	36.54	—	—	Au–Hg–Ag

续表 3

样品编号	分析部位	扫描方式	元素含量（wt.%）						合金类型
			Ag	Au	Cu	Hg	O	其他	
SS1	银基体	面扫	95.90	1.56	2.54	—	—	—	Ag-Cu（Au）
	夹杂物 1	微区面扫	47.73	—	20.50	—	9.77	S 6.31，Fe 15.69	
	夹杂物 2		52.34	—	—	—	19.44	S 1.70，Fe 26.52	
	夹杂物 3		58.06	—	30.42	—	—	S 9.08，Fe 2.44	
SS2	银基体	面扫	99.91	—	0.09	—	—	—	Ag-Cu
	银内黑色	微区面扫	81.96	—	—	—	—	Si 18.04	
	夹杂物 1		25.34	—	—	—	9.30	Si 0.10，Pb 65.26	
	夹杂物 2		10.90	—	—	—	—	Pb 89.10	Ag-Pb
	夹杂物 3		59.91	—	—	—	6.67	Pb 33.42	

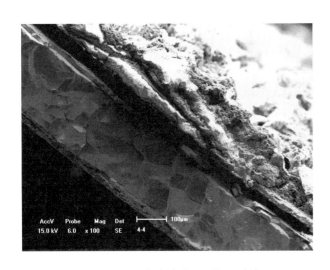

图 1　银马镳残片断面微观形貌

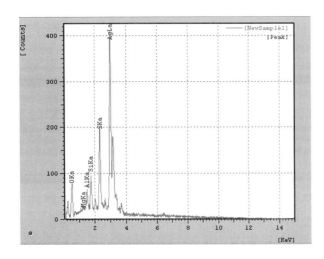

图 2　银马镳残片断面腐蚀产物能谱分析

四　病害调查

因保存环境状况不佳，小喇嘛沟辽墓出土银器的颜色都有不同程度的变化，最普遍的是银器表面变色发黑。通过对银器残片断面进行能谱分析可以发现，银表面出现了腐蚀层，其成分中含有大量的硫（图 1、2）。因为银易与大气中的含硫气体发生反应，生成硫化银等有色物质，从而使银表面发黑失去光泽。空气中的硫化氢、碳基硫和氧气等极易与银反应，臭氧、二氧化氮和紫外光等起到加速反应的作用。这一腐蚀过程不但改变了文物的外观，还使银器变得质硬、干燥、质脆。这批银器在出土后并未得到合理、科学的保养和维护，因为与原环境的平衡被打破，腐蚀变色更加剧烈，严重的甚至将表面的鎏金层完全覆盖，部分银器从不同角度看还呈现七彩光，说明其表面除生成黑色的硫化银外，还生成了氯化银彩色锈蚀。

五　认识与讨论

1. 银器的金相组织主要呈现热锻形态、部分银器在热锻后还经过了冷加工过程。

2. 银器以银铜合金为主，个别含少量的金。基体内杂质较少，含银量很高，有些已接近纯银，说明当时银的冶炼工艺已达到非常高的水平。

3. 银器大多经过鎏金装饰，因为在鎏金层内均含有汞，可推断当时采用了金汞齐火法鎏金。

4. 在多件银器的夹杂物中检测出较高的铅，推测当时炼银工艺很可能采用"吹灰法"。

5. 银器表面腐蚀较严重，以含硫化合物导致的变色为主，亟须科学保护。

后　记

凌源小喇嘛沟辽代墓地从 1994 年发掘工作结束，到 2015 年发掘报告出版，已经 20 多年了。

2012 年初，我正式接到单位（辽宁省文物考古研究所）指派，负责主持整理小喇嘛沟辽墓发掘资料并编写报告。那一刻我深感任务艰巨，因为我没有参加现场发掘，工地具体发掘情况不清楚，而且出土遗物收藏地点分散，基础资料也不十分齐全。

小喇嘛沟墓地大部分出土遗物和发掘档案保存在辽宁省文物考古研究所。整理时发现，这批文物当年经过仔细包裹，绝大部分保存完好，并能与原始记录相吻合，只有少数铁器因锈蚀遭到破坏，极个别文物与原始记录有出入。

一号墓（M1）石棺内出土的遗物收藏于凌源市博物馆。2012 年 8 月，蒙凌源市博物馆馆长孙国栋先生惠允，凌源市博物馆保管部的陈惠等同志费了很大的劲，将打包封存多年的文物提取出来，我们把这批文物（除辽宁省博物馆借展的文物外）全部借到牛河梁工作站进行整理。遗憾的是仍然有少数几件未能寻获。这批文物中尤为珍贵的是一批金银器，它们出土时已经变形受损。由于资金和技术等原因，一直没有得到科学保护和修复，致使整理工作受到一些影响，这从本书图版中可以看到。所幸，这批金银器的保护修复方案现已获国家文物局审批，日后将被妥善处理。

一号墓中最精致的几件文物如银鎏金面具、银冠（男）、银鎏金莲花纹捍腰等借展于辽宁省博物馆，石棺本身被拆散后也藏于该馆。辽宁省博物馆对本书的编写给予了大力支持，刘宁副馆长特别安排时间，把正在展厅中展出的多件文物临时撤下，以便我们进行整理，同时提供了多件文物的精美照片。

由于受到自身水平和客观条件所限，本书的错误和疏漏定然不少，欢迎大家不吝赐教。最后还是一句老话，衷心感谢所有为本书的编写和出版付出辛勤劳动的朋友们！

万雄飞

2015 年 4 月 12 日于沈阳

The Liao Tombs at Xiao Lama Gou in Lingyuan

(Abstract)

In 1993 and 1994, Liaoning Provincial Institute of Cultural Relics and Archaeology and Lingyuan Municipal Museum excavated a family cemetery of the mid through late Liao Dynasty consisting of 11 tombs (numbered as M1 through M11). The cemetery was located in the Xiao Lama Gou Village, Chengguan Town, Lingyuan City in western Liaoning Province, therefore it is briefly called as Xiao Lama Gou Cemetery.

This is the report of this archaeological fieldwork, consisting of the introduction, description of the tombs and the conclusion. The introduction section simply narrated the location and the topography of the cemetery, the excavation process, the features of the cemetery, the compilation of the report, etc. The main body of the report is the description of the tombs, which introduced the structure and the grave goods of the tombs one by one in the order of the tomb numbers. The conclusion section is our preliminary researches on our discoveries, including the date and ethnic attribution of the cemetery, the qualifications of the tomb occupants and the layout of the cemetery, etc.

The Xiao Lama Gou Cemetery yielded rich grave goods. Among the 11 tombs, three (M1, M8 and M11) have not been disturbed before the excavation. The gold and silver wares are the most important category of the grave goods, the types of which included burial ornaments, horse fittings and tableware, etc., providing important materials for the research on the gold and silver ware producing techniques of the Liao Dynasty. Large amounts of pottery and porcelain wares are unearthed, including the ones imported from the Central Plains, such as the white and bluish-white porcelain wares of Ding Kiln and celadon wares of Yaozhou Kiln and the white porcelain, greenish yellow-glazed porcelain and Liao sancai-glazed pottery wares produced in the Liao territory. The glass belt plaques are a peculiar type of grave goods of this cemetery worth in-depth studies. In addition, a large sarcophagus with the color-painted relief of "spring water (scene of hunting swans in the swamp in the spring)" and "autumn mountain (scene of hunting deer in the mountains in the autumn)" was unearthed from M1, the motifs of which exactly matched the records in the historic literatures.

Animal victim burying is another noticeable funeral custom of the Xiao Lama Gou Cemetery. Many tombs had animal parts, such as ox skulls, ox limbs, horse skulls, etc. buried, a complete horse skeleton was found in the passage of M7, and two independent horse pits were found in the cemetery. Most of the tombs are wood-chamber tombs, 10 out of 11 of which were built in this structure, and this is also very rare in the past excavations.

In short, the excavation of the Xiao Lama Gou Cemetery in Lingyuan provided important new materials for the researches on the archaeology and history of the Liao Dynasty.

1. 墓地全景（东北—西南）

2. 巨石（南—北）

彩版一　小喇嘛沟辽代墓地

彩版二　一号墓主室、耳室与墓道（西北—东南）

1. 东耳室（西南—东北）

2. 西耳室（西南—东北）

彩版三　一号墓耳室

1. 墓室（西北—东南）

2. 石棺（东南—西北）

彩版四　一号墓墓室与石棺

彩版五　一号墓石棺板（M1：114-1）

彩版六　一号墓石棺板（M1：114-2）

彩版七　一号墓石棺板（M1：114-3）

1. 小口瓶（M1：29）

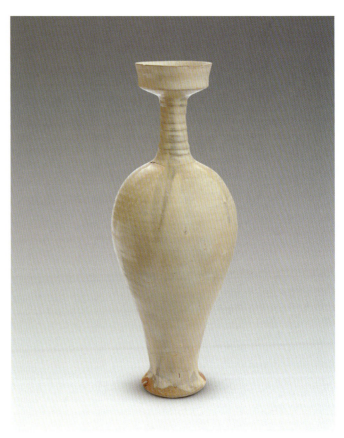

2. 小盘口长颈瓶（M1：30）

3. 小盘口长颈瓶（M1：31）

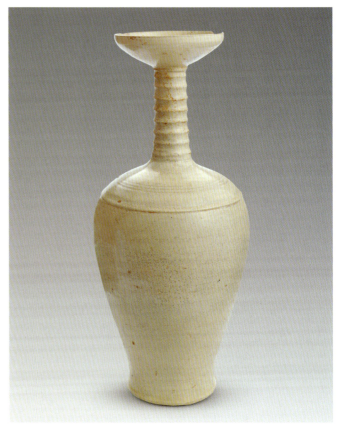

4. 大盘口长颈瓶（M1：34）

彩版八　一号墓出土白瓷瓶

1. 鼓腹碗（M1：4）

2. 大碗（M1：41）

3. 敞口碗（M1：71-2）

4. 敞口碗（M1：71-1）

彩版九　一号墓出土白瓷碗

1. 盘（M1：72-1）

2. 盘（M1：72-2）

3. 花口盘（M1：73）

彩版一〇　一号墓出土白瓷盘

1. M1：68   2. M1：69

彩版一一　　一号墓出土白瓷莲纹盖罐

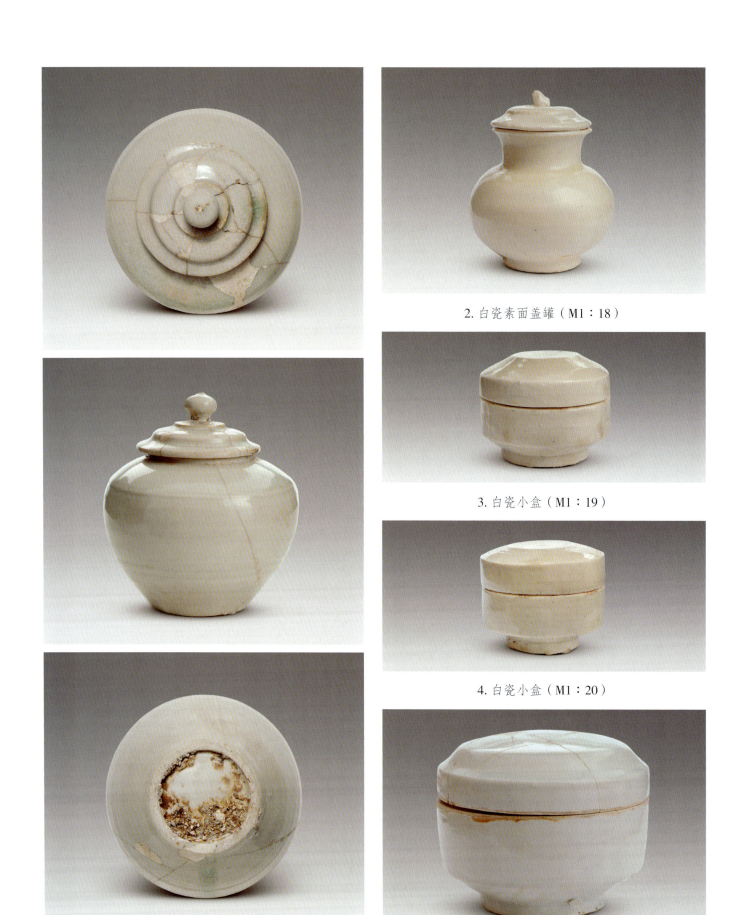

2. 白瓷素面盖罐（M1：18）

3. 白瓷小盒（M1：19）

4. 白瓷小盒（M1：20）

1. 白瓷弦纹盖罐（M1：70）

5. 青白瓷盒（M1：21）

彩版一二　一号墓出土白瓷盖罐、盒和青白瓷盒

1. 白瓷乌龟（M1∶3）侧视

2. 白瓷乌龟（M1∶3）俯视

3. 青瓷轮菊纹碗组合（M1∶65-1）

4. 青瓷轮菊纹碗组合（M1∶65-2）

彩版一三　一号墓出土白瓷乌龟和青瓷轮菊纹碗

2. M1：65-1-2

3. M1：65-1-3

4. M1：65-1-4

1. M1：65-1-1

5. M1：65-1-5

彩版一四　一号墓出土青瓷轮菊纹碗

1. M1∶65-1-6

2. M1∶65-2-1

3. M1∶65-2-2

4. M1∶65-2-3

5. M1∶65-2-4

彩版一五　　一号墓出土青瓷轮菊纹碗

1. 绿釉粗瓷渣斗（M1：66）

2. 茶叶末釉粗瓷洗（M1：67）

彩版一六　一号墓出土粗瓷渣斗、洗

彩版一八　一号墓出土金耳环（M1：79）

彩版一九　一号墓出土银鎏金冠（M1∶77）

1. 背面

2. 侧面

3. 顶部立凤

彩版二〇 一号墓出土银鎏金冠（M1：77）

彩版二一　一号墓出土银鎏金冠（M1：76）

彩版二二　一号墓出土银鎏金面具（M1：74）

彩版二三　一号墓出土银鎏金面具（M1：75）

1. 银鎏金下颌托
（M1：78）

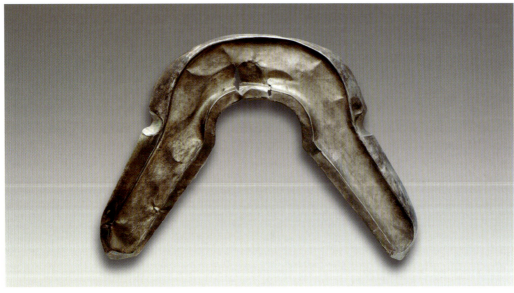

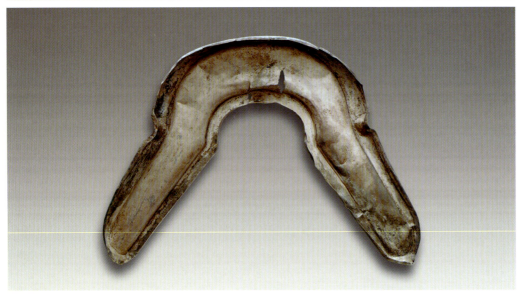

2. 银马鞍前桥包片
（M1：88）

彩版二四　一号墓出土银鎏金下颌托和银马鞍前桥包片

1. 组合

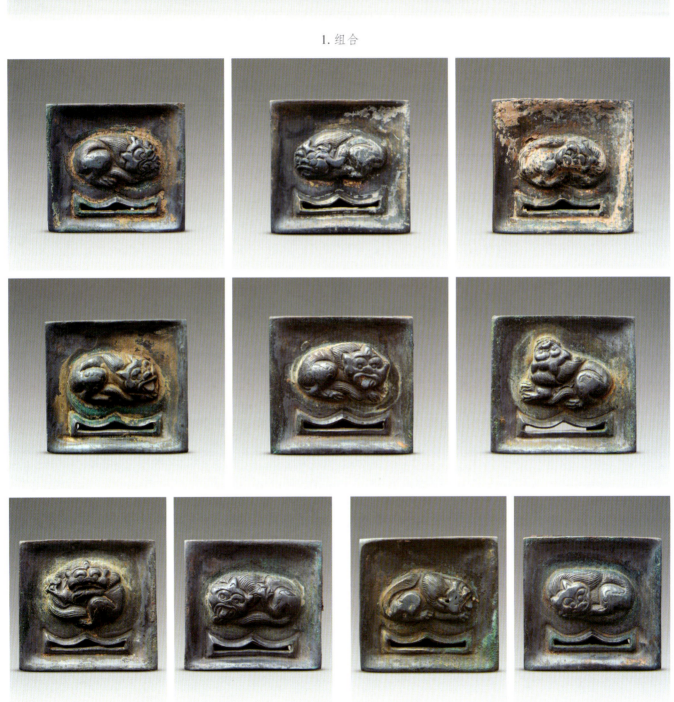

2. 方形带铐（M1：113-1）

彩版二五　一号墓出土银鎏金独角兽纹腰带具（M1：113）

1. 桃形带铐（M1：113-2）

2. 铊尾（M1：113-3）

3. 带扣（M1：113-4）

4. 带箍（M1：113-5）

彩版二六　一号墓出土银鎏金独角兽纹腰带具（M1：113）

彩版二七　一号墓出土银鎏金莲花纹捍腰（M1∶89）

1. 戒指（M1：87）

2. 镂空球状饰（M1：81）

3. 管状饰（1～3为M1：84-1，4、5为M1：84-2）

彩版二八　一号墓出土银鎏金戒指、镂空球状饰和管状饰

彩版二九　一号墓出土银鎏金对凤纹冠饰（M1：96）

1. 莲花纹 "凸" 字形节约（M1∶7-1）

4. 马蹄形牌饰（M1∶7-4）

2. 鹦鹉纹 "凸" 字形节约（M1∶7-2）

5. 带扣（M1∶7-5）

3. 椭圆形牌饰（M1∶7-3）

6. 带箍（M1∶7-6）

彩版三〇　一号墓出土银鎏金鹦鹉纹马带具（M1∶7）

1. 带扣（M1∶82-1）

2. 带箍（M1∶82-2）

3. 方形带铐（M1∶82-3）

4. 椭圆形牌饰（M1∶82-4）

5. 圭形牌饰（M1∶82-5）

6. 桃形镂空牌饰（M1∶82-7、82-8）

彩版三一　一号墓出土银鎏金卷草纹马带具（M1∶82）

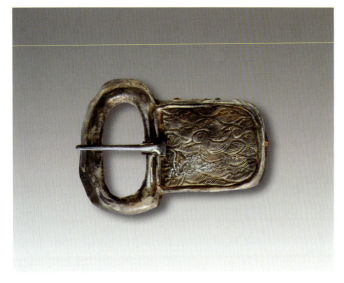

1. 带扣（M1：83-1）正面

2. 带扣（M1：83-1）背面

3. 长方形牌饰（M1：83-2）

4. 长方形牌饰（M1：83-3）

5. 环状柄（M1：83-4）

彩版三二　一号墓出土银鎏金鸳鸯纹马带具（M1：83）

1. 内底

2. 侧面

3. 外底

彩版三三　一号墓出土银长盘（M1：92）

1. 勺（M1：90）

2. 勺柄细部（M1：90）

4. 执壶（M1：95）

3. 杯（M1：91）

彩版三四　一号墓出土银勺、杯和执壶

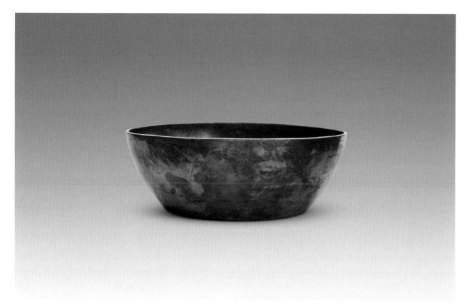

1. 钵（M1：93）

2. 碗（M1：94-1）

3. 碗（M1：94-2）

彩版三五　一号墓出土银钵、碗

1. 银鎏金怪兽纹牌饰（M1：112）

2. 银花草纹如意形牌饰（M1：85）

彩版三六　一号墓出土银（鎏金）牌饰

1. 盘龙戏珠纹泡饰（M1∶86）

2. 圆薄片（M1∶64）

彩版三七　一号墓出土银鎏金泡饰、圆薄片

1. 大马铃（M1：14）

2. 小马铃（M1：15）

彩版三八　一号墓出土铜鎏金马铃

彩版三九　一号墓出土铜鎏金大马铃（M1：14）

1. 双鱼形牌饰（M1：54）正面

3. 扣钉（M1：59-1）

4. 扣钉（M1：59-2）

2. 双鱼形牌饰（M1：54）背面

5. 圆环（M1：99）

彩版四〇　一号墓出土铜鎏金双鱼形牌饰、扣钉和圆环

彩版四一 一号墓出土双凤纹铜镜（M1：97）

1. 马衔（M1：6）

2. 马衔（M1：13）

3. 马衔镳（M1：8）正面

4. 马衔镳（M1：8）背面

5. 马衔镳（M1：8）局部

6. 马衔镳（M1：8）局部

彩版四二　一号墓出土铁马衔、镳

1. M1∶1、2

2. M1∶9、12

3. M1∶10、11

4. M1∶45、47

5. M1∶48、49

彩版四三　一号墓出土铁马镫

1. 马镫（M1：2）

2. 马镫（M1：9）

3. 马镫（M1：10）

4. 马镫（M1：47）

5. 马镫（M1：49）

6. 马带具（M1：60）

1. 长剑（M1：100）

2. 短刀（M1：16）

3. 骨朵头部（M1：103-1）

4. 骨朵上的玛瑙球（M1：103-2）

彩版四五　一号墓出土铁剑、刀和骨朵

1. 镞（M1：17）

2. 铲形镞（M1：102-1）

3. 叉形镞（M1：102-2）

4. 带孔骨镝（M1：102-3）

5. 带槽骨镝（M1：102-4）

彩版四六　一号墓出土铁镞、骨镝

1. 斧（M1∶36）

4. 凿（M1∶55）

2. 铲（M1∶35）

3. 铲（M1∶46）

5. 凿（M1∶63）　　　　6. 锛（M1∶44）

彩版四七　一号墓出土铁工具

1. 叉（M1：5）

2. 钩（M1：52）

3. 钩（M1：56）

4. 小刀（M1：51）

5. 小刀（M1：58）

6. 组刀（M1：101）

彩版四八　一号墓出土铁工具

1. 钳（M1：22）

2. 钳（M1：23）

3. 熨斗（M1：37）

4. 舀子（M1：39）

5. 撮子（M1：62）

6. 锁（M1：28）

彩版四九　一号墓出土铁日常用具

1. 剪（M1：50）

2. "T"形锉（M1：104-1）

3. "T"形锉（M1：104-2）

4. 条形锉（M1：25）

5. 铁条（M1：57）

6. 签子（M1：111）

彩版五〇　一号墓出土铁日常用具

1. 水晶串珠、红玛瑙串珠（M1：105-1、105-2）

2. 红玛瑙短柱（M1：105-3）

3. 绿玛瑙心形珠（M1：105-4）

4. 石条（M1：110）

5. 石条及外包银皮（M1：110）

6. 石管状饰（M1：107）

彩版五一　一号墓出土玉、石器

1. M1 : 43

2. M1 : 42

彩版五二　一号墓出土石围棋子

1. 骨勺（M1：24）

3. 骨牙刷（M1：27）

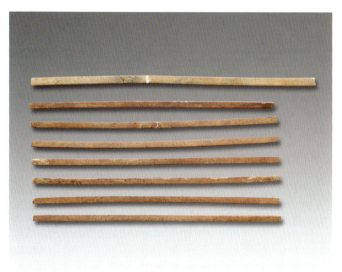

2. 骨算筹（M1：26）

4. 骨簪（M1：53）

6. 骨饰件（M1：109）

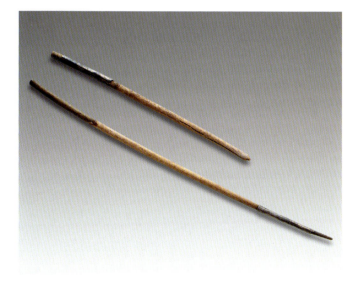

5. 骨箸（M1：108）

7. 号角塞（M1：61）

彩版五三　一号墓出土骨、角器

1. 墓室（西北—东南）

2. 白瓷碗（M2：2）

3. 白瓷碗（M2：3）

4. 青黄釉瓷小盖罐（M2：4）

彩版五四　二号墓墓室与出土瓷器

1. 锁（M2：1）   2. 刀（M2：11）

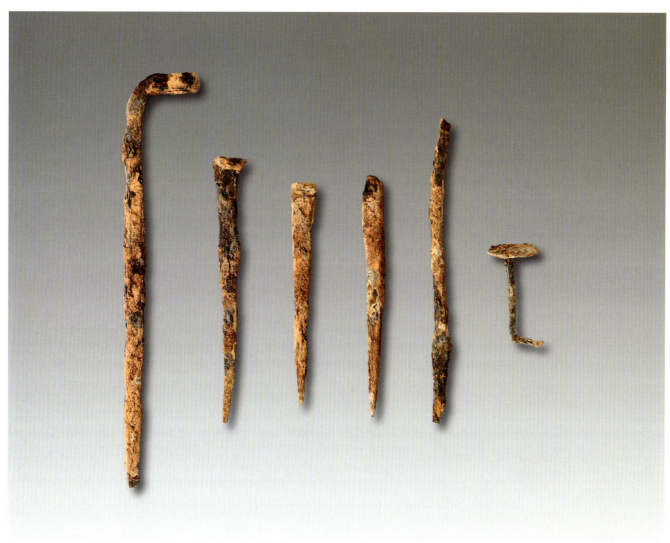

3. 钉（M2：12）

彩版五五　二号墓出土铁器

1. 琥珀双桃形饰（M2：6）正面

2. 琥珀双桃形饰（M2：6）背面

3. 水晶珠（M2：5）

4. 红石英饰件（M2：7）

5. 松香串珠（M2：10）

6. 玻璃管状饰（M2：9）

彩版五六　二号墓出土玉、石、玻璃器

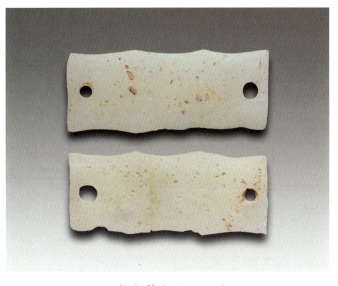

1. 长方形（M2：8-1）

2. 心形（M2：8-2）

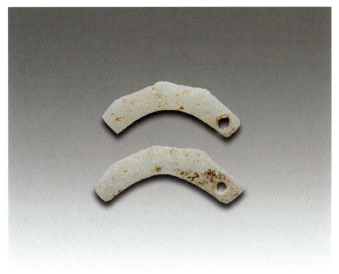

3. 环形（M2：8-3）

4. 柳叶形（M2：8-4）

5. 纽状（M2：8-5）

彩版五七　二号墓出土玻璃质饰件

彩版五八　三号墓墓室（西北—东南）

1. 鸡冠壶（M3：8）

2. 鸡冠壶（M3：7）

3. 盏托（M3：1）

4. 花口杯（M3：2）

彩版五九　三号墓出土白瓷器

1. 花口碟（M3：4）

2. 花口碟（M3：3）

3. 小盘（M3：5）

4. 小盘（M3：6）

5. 碗（M3：15）

6. 渣斗（M3：14）

彩版六〇　三号墓出土白瓷器

1. 铁镞（M3：10）

2. 铁腰带具豆荚形横栓（M3：11-2）

3. 铁钉（M3：12）

4. 骨牙刷（M3：9）

5. 骨簪（M3：13）

彩版六一　三号墓出土铁、骨器

彩版六二　四号墓墓室（西北—东南）

1. 深黄釉瓷鸡冠壶（M4：2）

2. 浅黄釉瓷鸡冠壶（M4：15）

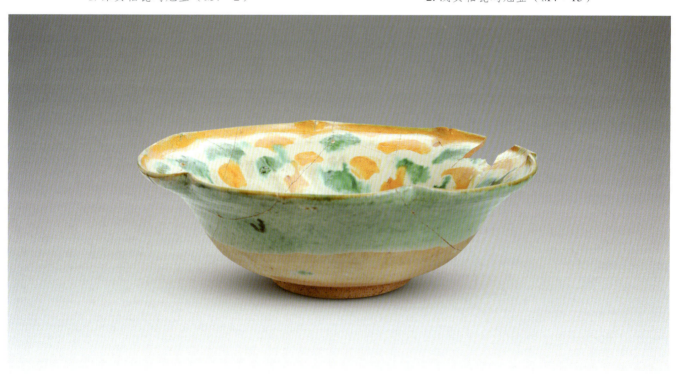

3. 辽三彩大碗（M4：8）

彩版六三　四号墓出土黄釉瓷鸡冠壶和辽三彩大碗

1. M4：1

2. M4：6

3. M4：12

4. M4：13

5. M4：14

彩版六四　四号墓出土辽三彩方盘

1. 铃（M4：18）

2. 马衔镳（M4：11）

3. 马镫（M4：9、10）

4. 铁条（M4：16）

5. 镞（M4：17）

彩版六五　四号墓出土铁器

1. 玻璃质腰带具（M4：19）

2. 宽马蹄形带铐（M4：19-1）

3. 心形饰（M4：19-3）

4. 长方形饰（M4：19-4）

5. 小圭形饰（M4：19-6）、小心形饰（M4：19-9）

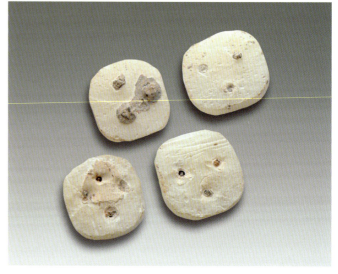

6. 圆角方形饰（M4：19-7）

彩版六六　四号墓出土玻璃质腰带具（M4：19）

1. 墓室（西北—东南）

2. 黄釉瓷钵（M5∶2）

3. 黄釉瓷渣斗（M5∶16）

彩版六七　五号墓墓室与出土瓷器

1. 辽三彩海棠长盘（M5：3）

2. 辽三彩方盘组合（M5：4～11）

3. 辽三彩方盘（M5：4）

4. 辽三彩方盘（M5：5）

彩版六八　五号墓出土辽三彩盘

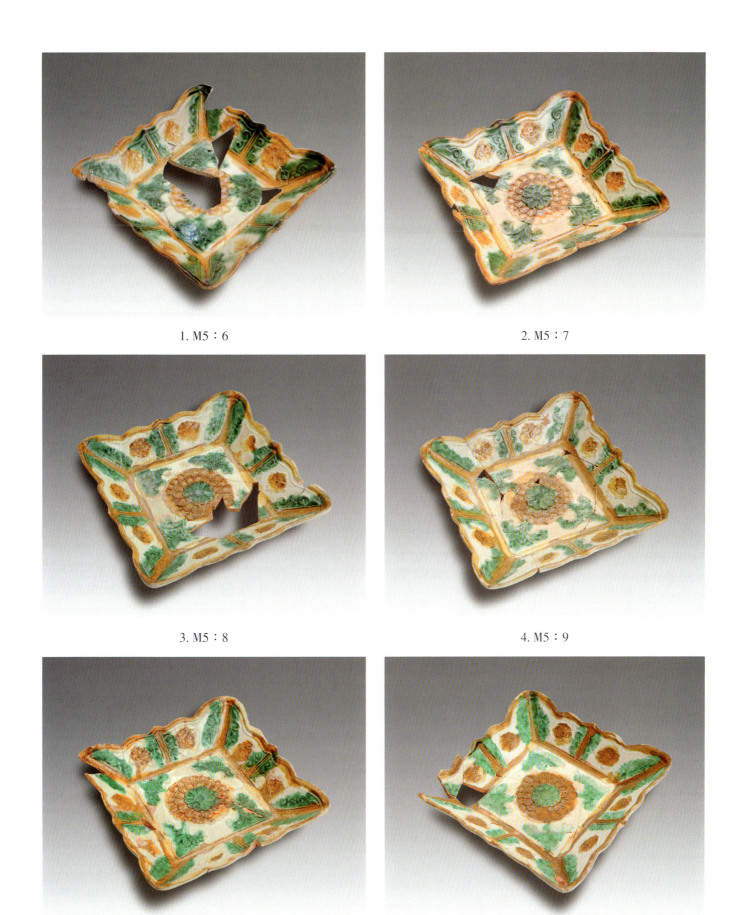

1. M5：6

2. M5：7

3. M5：8

4. M5：9

5. M5：10

6. M5：11

彩版六九　五号墓出土辽三彩方盘

1. 铁锁（M5：13）

2. 铁镞（M5：15）

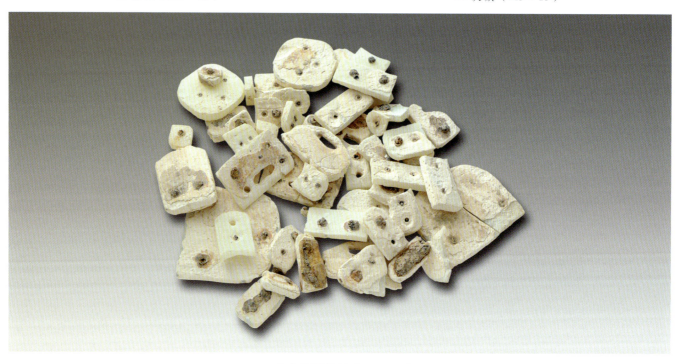

3. 玻璃质腰带具（M5：12）

4. 玻璃质腰带具（M5：17-1）

5. 玻璃质腰带具（M5：17-2）

彩版七〇　五号墓出土铁器、玻璃质腰带具

1. 圆角方形饰（M5：12-1）

2. 长方形带铸（M5：12-2）

3. 长方形饰（M5：12-3）

4. 马蹄形带铸（M5：12-4）

5. 心形饰（M5：12-5）

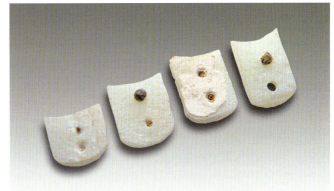

6. 拱形凹尾饰（M5：12-6）

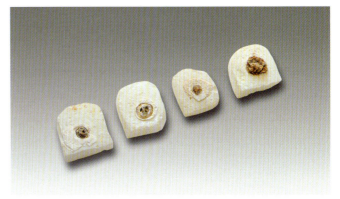

7. 小圭形饰（M5：12-8）

彩版七一　五号墓出土玻璃质腰带具

彩版七二　六号墓墓门（东南—西北）

1. 墓门仿木结构斗拱（东南—西北）

2. 墓室（东南—西北）

彩版七三　六号墓墓门仿木结构斗拱与墓室

彩版七四　六号墓甬道（西北—东南）

1. 花口温碗（M6：5）

2. 划花斗笠碗（M6：10）

3. 划花碗（M6：8）

彩版七五　六号墓出土青白瓷碗

1. 六曲花口碟（M6：22）

2. 十曲花口碟（M6：11）

3. 十二曲花口碟（M6：17）

彩版七六　六号墓出土青白瓷花口碟

1. 金丝花球（M6：25）

2. 金坠饰（M6：26）

3. 铜带扣（M6：24）

4. 铜丝网络（M6：28）

5. 琥珀珠（M6：23）

彩版七七　六号墓出土金属器、琥珀珠

1. M6：3

2. M6：1

彩版七八　六号墓出土铜镜

1. 斧（M6：4）

2. 骨朵头部（M6：7）

3. 钩（M6：2-1）

4. 闸板（M6：27）

彩版七九　六号墓出土铁器

1. 墓道内殉马（西北—东南）

2. 墓门封石（东南—西北）

彩版八〇　七号墓墓道内殉马与墓门封石

1. 墓室（西北—东南）

2. 黄釉瓷鸡冠壶（M7：1）

3. 白瓷盘（M7：4）

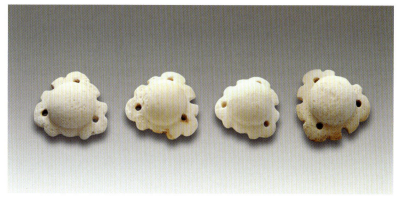

4. 玻璃质节约（M7：3）

彩版八一　七号墓墓室与出土器物

1. 铜靴底（M7∶2）

2. 铜戒指（M7∶5）

3. 铁马镫（M7∶6）

4. 铁马衔镳（M7∶8）

5. 铁镞（M7∶7）

彩版八二 七号墓出土铜、铁器

1. 墓门封石（东南—西北）

2. 墓室（西北—东南）

彩版八三 八号墓墓门封石与墓室

1. 黄釉瓷盆（M8：1）

2. 绿釉瓷鸡冠壶（M8：2）

3. 绿釉瓷鸡冠壶（M8：9）

4. 绿釉瓷鸡冠壶（M8：10）

彩版八四　八号墓出土黄釉瓷盆和绿釉瓷鸡冠壶

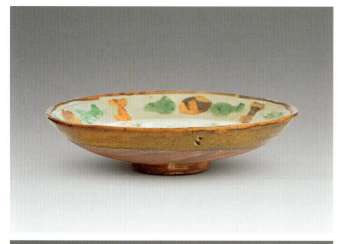

2. 辽三彩圆盘（M8：11）

1. 辽三彩圆盘（M8：7）

3. 辽三彩圆盘（M8：12）

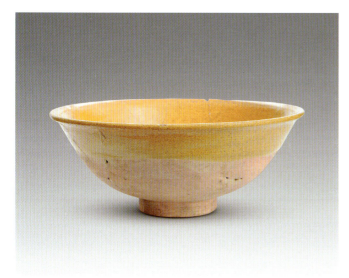

4. 黄釉瓷碗（M8：8）

5. 白瓷碗（M8：25）

彩版八五　八号墓出土辽三彩圆盘和瓷碗

1. 马镫（M8：13）

2. 马衔镳（M8：20）

3. 马铃（M8：18）

4. 马铃（M8：14）

彩版八六　八号墓出土铁马具

1. 铲形镞（M8∶21-1）

2. 矛形镞（M8∶21-2）

3. 带扣（M8∶27）

4. 刀（M8∶4）

5. 钉（M8∶28）

1. 铁剪（M8：3）

2. 铁香炉（M8：23）

3. 骨弓弰（M8：29）

彩版八八　八号墓出土铁、骨器

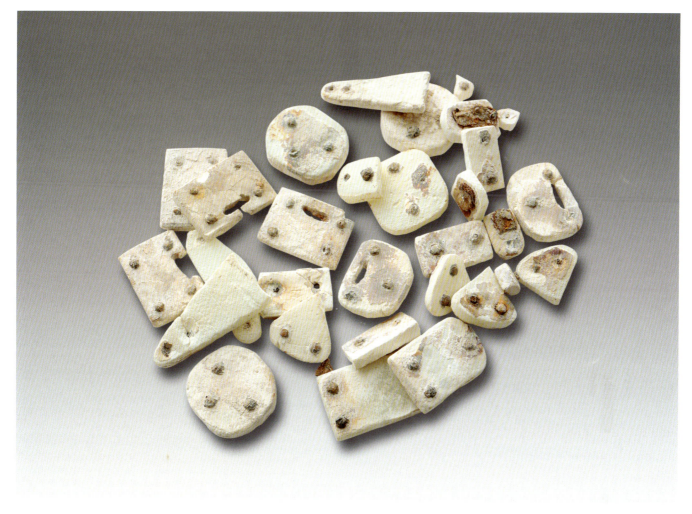

1. 腰带具组合（M8∶30）

2. 铊尾（M8∶30-1、30-5）

3. 长方形带铐（M8∶30-2）

彩版八九　八号墓出土玻璃质腰带具（M8∶30）

1. 圆角方形牌饰（M8：30-3）

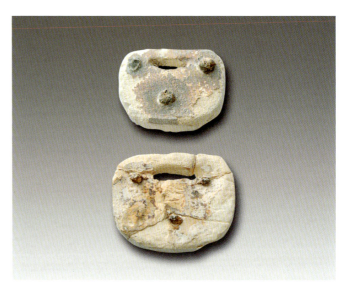

2. 马蹄形带铐（M8：30-4）

3. 铃形牌饰（M8：30-6）

4. 圆角三角形横栓（M8：30-7）

5. 长方形牌饰（M8：30-8）

6. 小宽铊尾（M8：30-9）

7. 腰带具（M8：26）

彩版九〇　八号墓出土玻璃质腰带具

彩版九一　八号墓出土项链（M8：24）

1. 玻璃质心形吊坠（M8：24-1）

2. 水晶珠、玉吊坠（M8：24-2、24-3）

3. 铜丝花球（M8：24-4）

4. 琥珀饰件（M8：24-5）

5. 錾花银管（M8：24-6）

6. 玻璃质"T"形坠（M8：24-7）

彩版九二　八号墓出土项链组件

1. 墓门封石（东南—西北）

2. 墓室（西北—东南）

彩版九三　九号墓墓门封石与墓室

1. 黄釉粗瓷盆（M9：4）

2. 白瓷盘（M9：5）

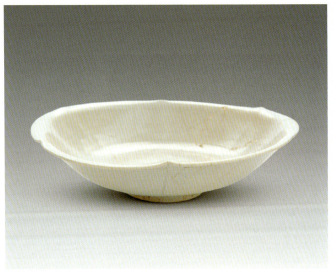

3. 白瓷盘（M9：6）

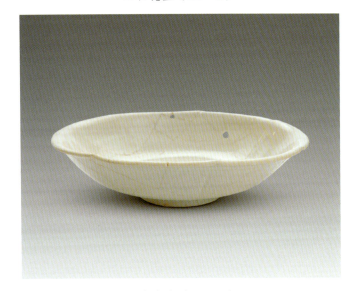

4. 白瓷盘（M9：7）

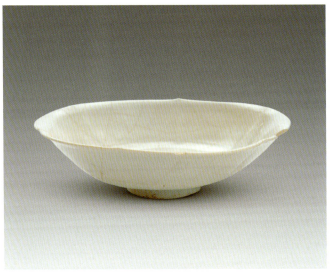

5. 白瓷盘（M9：8）

彩版九四　九号墓出土粗瓷盆和白瓷盘

1. 白瓷碗（M9：9）

2. 白瓷碗（M9：10）

3. 白瓷碗（M9：11）

4. 白瓷碗（M9：12）

5. 白瓷罐（M9：2、3）

6. 青白瓷碟（M9：13）

彩版九五　九号墓出土白瓷碗、罐和青白瓷碟

2. 陶围棋子（M9∶16-1）

1. 陶砚（M9∶14）

3. 陶围棋子（M9∶16-2）

4. 石串珠（M9∶17）

彩版九六　九号墓出土陶砚、围棋子和石串珠

1. 银牌饰（M9：21）

2. 银环（M9：22）

3. 铁镞（M9：18-1、18-2）

4. 铁环（M9：19）

5. 铁带扣（M9：20）

彩版九七　九号墓出土银、铁器

1. 镜（M9：1）

2. 牌饰（M9：23-1）

3. 葫芦形带头（M9：23-2）

4. 带扣、带箍（M9：24-1、24-2）

5. 透空带饰（M9：24-3）

6. 拉环（M9：25）

1. 墓室（西北—东南）

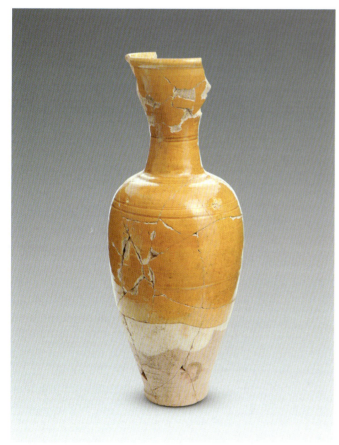

2. 黄釉粗瓷长颈瓶（M10：1）

3. 陶围棋子（M10：14）

4. 铜鎏金腰带具（M10：11）

彩版九九　十号墓墓室与出土器物

1. 刀（M10：3）

2. 刀（M10：6）

5. 环（M10：9）

3. 刀（M10：13）

6. 合页（M10：5）

4. 锯（M10：7）

彩版一〇〇　十号墓出土铁器

1. 镞（M10：2）

2. 凿（M10：10）

3. 箸（M10：8）

4. 剪刀（M10：4）

1. 墓门封石（东南—西北）

2. 墓顶

彩版一〇二　十一号墓墓门封石与墓顶

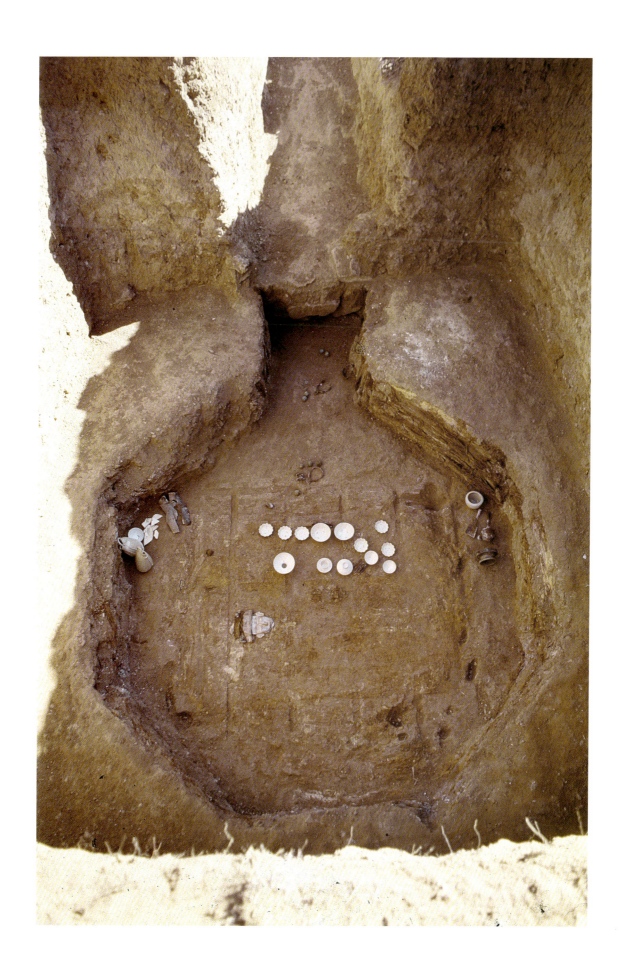

彩版一○三　十一号墓墓室（西北—东南）

1. 银面具（M11：45）出土情况　　　　　2. 银鞍桥包片（M11：73）出土情况

彩版一○四　十一号墓银面具和银鞍桥包片出土情况

1. M11：11

2. M11：12

彩版一〇五　十一号墓出土白瓷鸡冠壶

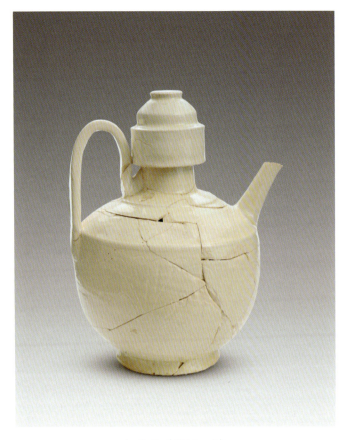

1. 注子（M11：6）

2. 温碗（M11：5）

3. 钵（M11：3）

4. 渣斗（M11：13）

2. 斜腹碗（M11∶30）

1. 莲纹碗（M11∶25）

3. 弧腹碗（M11∶10）

彩版一〇七　十一号墓出土白瓷碗

1. 弧腹碗（M11：14）

4. 盏托（M11：15）

2. 弧腹碗（M11：43）

5. 盏托（M11：16）

3. 弧腹碗（M11：18）

彩版一〇八　十一号墓出土白瓷碗、盏托

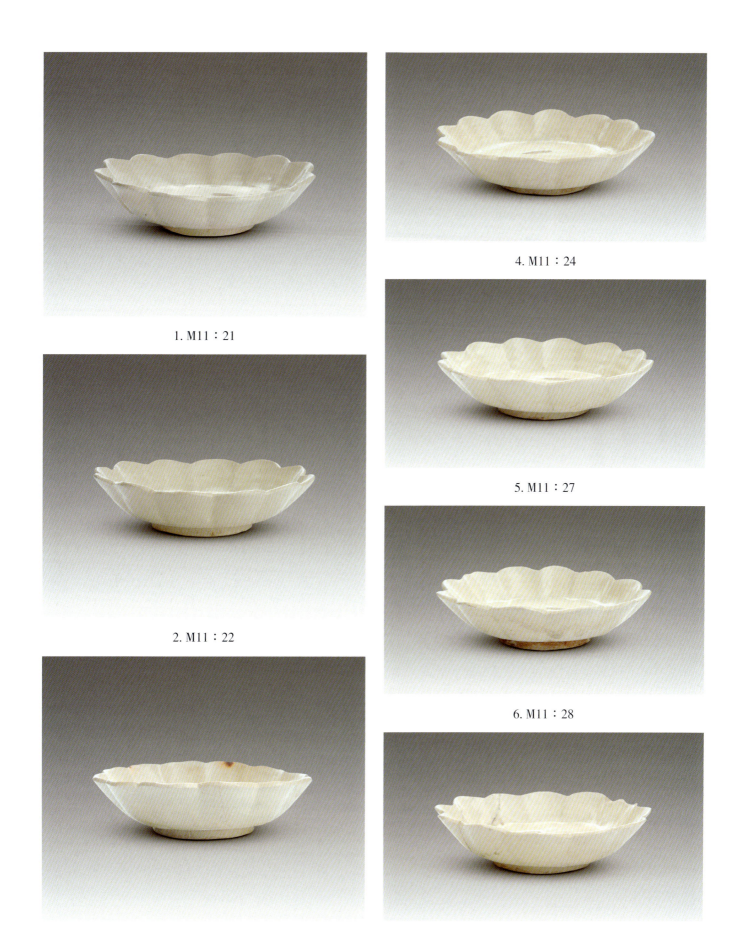

1. M11：21

2. M11：22

3. M11：23

4. M11：24

5. M11：27

6. M11：28

7. M11：29

1. 白釉绿彩瓷盆（M11：9）

2. 陶砚（M11：1）

彩版一一〇　十一号墓出土白釉绿彩瓷盆和陶砚

1. 茶叶末釉（M11：7）　　　　　　　　　2. 褐釉（M11：8）

1. 正面

2. 背面

彩版一一二　十一号墓出土银冠（M11：44）

彩版一一三　十一号墓出土银面具（M11∶45）

1. 缠枝葡萄纹镜（M11：48）

2. 缠枝花纹镜（M11：51）

1. 大号铜铃组合（M1：37）

2. 中号铜铃组合（M1：57）

3. 小号铜铃组合（M1：42）

彩版一一五　十一号墓出土铜铃

1. 杏叶（M11：80）

2. 簪（M11：50）

3. 带扣、带箍（M11：72-1）

4. 鎏金带扣（M11：72-3）

彩版一一六　十一号墓出土铜（鎏金）器

1. 铜环（M11：72-4）

2. 圭形铜鎏金牌饰（M11：72-5）

3. 双尖形铜鎏金牌饰（M11：72-6）

4. "凸"字形铁节约（M11：72-7）

5. 铁牌饰（M11：72-8、72-9）

6. 铜质背板（M11：72）

彩版一一七　十一号墓出土铜、铁复合马带具（M11：72）

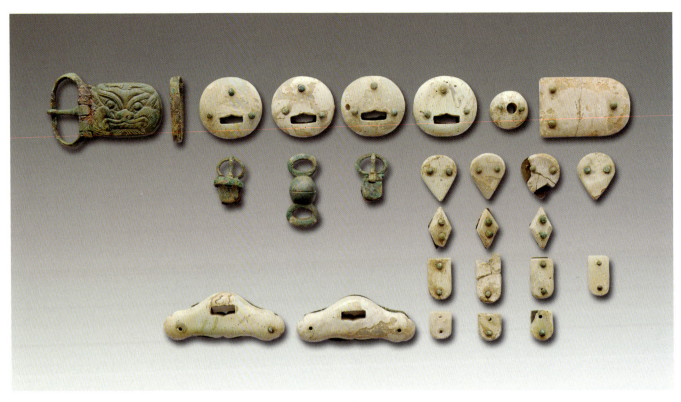

1. 组合

2. 铜带扣、带箍（M11：47-1、47-2）

4. 铜双环接头（M11：47-12）

3. 小铜带扣、带箍（M11：47-11）

彩版一一八　十一号墓出土铜、玻璃复合腰带具（M11：47）

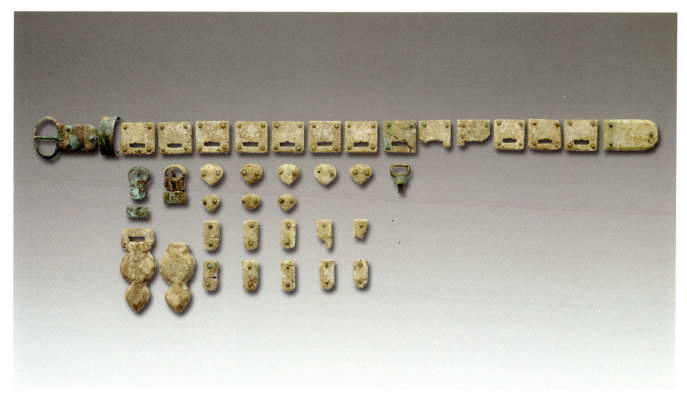

1. 组合

2. 铜带扣（M11：49-1）

3. 小铜带扣、带箍（M11：49-5）

4. 铜转轴（M11：49-10）

彩版一一九　十一号墓出土铜、玻璃复合腰带具（M11：49）

1. 马镫（M11：35、36）

2. 马镫（M11：66、67）

3. 马衔镳（M11：41）

4. 马铃（M11：54）

彩版一二〇　十一号墓出土铁马具

1. 骨朵头部（M11：31）

2. 骨朵头部（M11：32）

3. "丫"形镞（M11：60）

4. 铲形镞（M11：59）

5. 矛形镞（M11：58）

6. 鸣镝（M11：61）

彩版一二一　十一号墓出土铁兵器

1. 刀（M11：76）

2. 凿（M11：55）

3. 斧（M11：53）

4. 锯（M11：52）

5. 撮子（M11：4）

6. 箍（M11：77）

彩版一二二　十一号墓出土铁生产工具

1. 壶（M11：2）

2. 灯（M11：34）

3. 锁（M11：33）

4. 锁（M11：74）

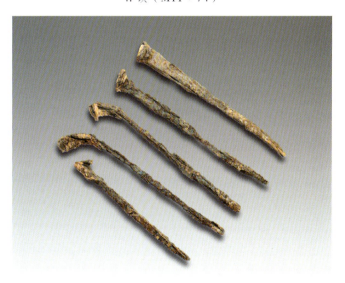

5. 钉（M11：79）

彩版一二三　十一号墓出土铁生活用具

1. 项饰（M11：46）

2. 琥珀饰（M11：78）

3. 石围棋子（M11：56）

彩版一二四　十一号墓出土玉、石器

1. K1（西—东）

2. K2（东—西）

彩版一二五　殉马坑K1、K2

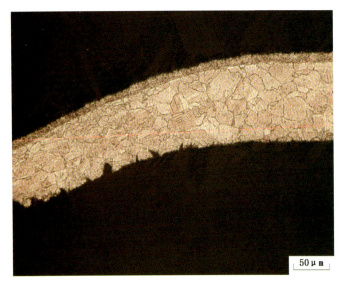

1. 银鎏金下颌托（M1：78）

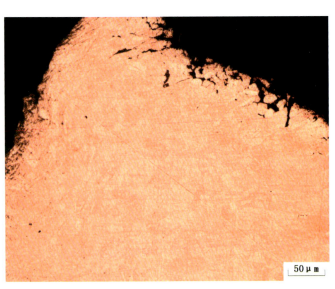

2. 穿面具用银丝（M1：75b）

3. 银独角兽纹腰带具（M1：113）

4. 银圈足碗（M1：94-1）

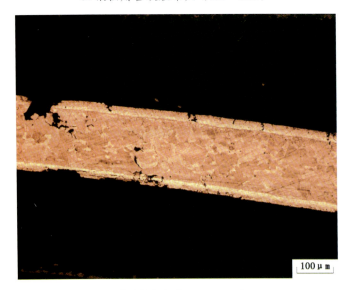

5. 银圈足碗（M1：94-2）

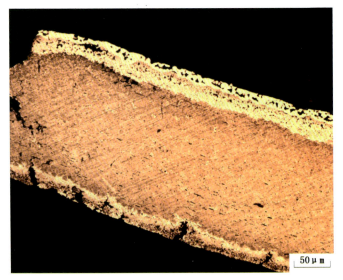

6. 银马鞍前桥包片（M1：88）

彩版一二六　一号墓出土银器样品金相显微照片